Le Livre de Poche

Jeunesse

LE DERNIER DES TEMPLIERS

ARTHUR TÉNOR

LE DERNIER DES TEMPLIERS

Illustrations : Vincent Dutrait

HACHETTE
Jeunesse

Qui est l'auteur ?

Arthur Ténor, né en 1959 en Auvergne, affirme qu'il a conservé un cœur d'enfant. Les contes de fées, les épopées fantastiques, les voyages hors de la réalité ordinaire lui procurent la même émotion qu'auparavant. L'esprit qui anime ses récits est enthousiaste : l'action et le suspense se mêlent souvent à la tendresse, l'humour et la fantaisie. À travers ses récits, Arthur Ténor souhaite ainsi exprimer son amour et son respect pour la vie. L'année 2001 est faste pour ce jeune auteur qui publie des romans chez Magnard, Gallimard, Pocket et J'ai Lu !

À Nathalie,
dont l'aide littéraire m'est précieuse.

1

Le poignard du petit prince maure

Paris, le 19 mars 1314.

Tandis que le soleil couchant drapait d'un linceul de feu les tours de Notre-Dame, une grande silhouette s'engageait dans l'une des rues marchandes menant à la Seine. Cape brune l'enveloppant entièrement, capuche rabattue sur la tête, on eût dit un moine pénitent se rendant à la cathédrale, sans ce fourreau d'épée qui de temps à autre affleurait le bas de son ample vêtement.

Collée à son talon avançait une autre cape brune, son modèle en réduction. L'adolescent, d'une douzaine d'années, tournait de droite et de gauche de grands yeux éberlués. Cette foule de bourgeois et de gueux mêlés, ces belles dames relevant le bas de leur robe pour enjamber les immondices, ces échoppes regorgeant de merveilles, ce brouhaha incessant de jurons, de rires, de boniments de camelots... c'était Paris, la plus grande ville du royaume de France, la plus dangereuse aussi, disait-on, avec ses coupe-jarrets, ses fricoteurs de tout poil et autres aigrefins aux prunelles avides...

« Hé, le beau lardon que voici ! s'écria soudain une énorme femme en plantant sur ses hanches deux poings roses comme des jambonneaux. D'où est-ce qu'il nous sort, ce moinillon ? »

Le garçon esquissa un sourire. La matrone tenait commerce de charcutailles et de gibiers sur lesquels festoyaient des compagnies de mouches.

« Gare, Pierre ! Ne te laisse point tirer la manche, lui recommanda l'homme à la cape sans se retourner. Ces marchandes sont plus gourmandes de tes deniers que les cochons de la confiture.

— Non, non, mon oncle, je ne vous lâche pas d'une coudée. »

Pierre rejeta en arrière son capuchon de bure. Ouf ! cela commençait à l'énerver de ne pouvoir tourner la tête à son aise. Un éclat de voix provenant d'une fenêtre juste au-dessus lui fit lever les yeux :

« Gare à l'eau ! Gare à l'eau ! Gare à l'eau ! »

L'oncle saisit Pierre par le bras et le tira à l'abri de l'encorbellement d'une maison. D'autres passants s'écartèrent précipitamment. Le buste d'une femme apparut brièvement à la fenêtre, puis le contenu d'un seau d'aisance tomba en pluie au milieu de la rue. Pierre se pinça le nez.

« Peuh ! Pour un peu nous étions baptisés de pisse !

— À Paris, c'est autant du haut que du bas que peut venir le danger, lui précisa son oncle. Continuons. Gordji doit déjà nous attendre. »

Après s'être frayé un passage difficile entre piétons et charrois, ils débouchèrent sur le bord de Seine.

« Diable ! Il n'est point là ! » s'inquiéta l'oncle.

Pierre s'émerveilla un moment du spectacle de Notre-Dame, flamboyant à l'est. À l'ouest, la forteresse du Louvre n'était pas moins imposante de puissance et de majesté.

« Nous ne pourrons l'attendre longuement, poursuivit l'oncle. Pourvu que... »

Il n'acheva pas sa phrase, sans doute pour ne pas inquiéter son jeune parent. Il rejeta à son tour sa capuche sur son dos, se tourna vers Pierre auquel il s'efforça d'adresser un sourire malgré son anxiété.

« Que penses-tu de Paris, mon neveu ?

— Assurément, mon oncle, c'est plus bruyant qu'un jour de marché à notre village d'Orcival et tout aussi crottant qu'une cour de ferme. Mais que de curiosités on y voit ! ... Et combien tentantes ! » ajouta-t-il comme pour lui-même.

Le seigneur Hugues de Valperthuis, chevalier du

Temple, soupira profondément. Il semblait soudain ressentir une immense fatigue. Tant de périls, d'injustices, de blessures, de batailles et de massacres avaient jalonné son existence. Et en ce jour maudit, l'Ordre auquel il avait voué sa vie allait perdre son grand maître. L'esprit du Mal s'était infiltré dans la raison du roi Philippe, dit « le Bel », cela ne faisait aucun doute. Malheur au royaume ! Malheur à l'Église ! Malédiction ! Voilà ce que ce jour apporterait à l'Histoire.

Tandis qu'en lui bouillonnait une acide mixture de colère et de chagrin, son neveu lorgnait sur l'étal d'un marchand d'armes un objet aux reflets chatoyants. C'était un superbe poignard recourbé, dont le pommeau et le fourreau étaient ornés de pierres rouges et bleues. Le marchand, une sorte de nabot jaunâtre coiffé d'un bonnet de cuir, sourit à l'enfant, découvrant une immonde rangée de dents gâtées.

« Approchez donc, jeune seigneur, ne soyez point timide. »

Pierre fit « non » de la tête. Le marchand saisit le poignard avec la délicatesse d'un joaillier soulevant une parure de diamants.

« Voyez-vous cet objet ? Il a appartenu à un prince maure.

— Ah oui ? » fit Pierre.

Fasciné, il s'approcha dc l'étal.

« Prenez-le, sortez-le de son fourreau... Voyez

comme sa lame luit et tranche ! Elle est du plus bel alliage. »

Les yeux du camelot s'arrondirent d'émerveillement, comme s'il recevait lui-même en cadeau ce trésor. Il le tendit à Pierre qui le manipula comme on teste la maniabilité d'une épée.

« Un prince maure l'a-t-il vraiment possédé ? demanda-t-il.

— Absolument ! répondit le marchand. Pour vous, monseigneur, je le céderai peut-être à... deux écus ? »

Ce passage brutal à la dure réalité des affaires réveilla Pierre qui reposa le poignard.

« Si je détenais pareille somme, je m'achèterais pour le moins un cheval. »

Le marchand émit une sorte de plainte, puis déclara :

« Vous ne pouvez imaginer la valeur d'un tel joyau. Mais sa place est à la ceinture d'un noble damoiseau. Disons... un écu ? »

Pierre fixa le marchand dans les yeux. Ce qu'il y lut lui glaça le sang. Cet homme, en période de disette, eût échangé ses propres enfants contre un bol de soupe. Rien que pour cela, Pierre eût refusé de lui acheter la moindre chose. Mais ce poignard maure... n'était pas une moindre chose.

« Ah, enfin ! Pierre, voici Gordji ! » annonça soudain son oncle.

Le garçon ne prit pas le temps de marchander. Il

ouvrit sa cape, tira sur le cordon de la petite bourse de cuir qui pendait à sa ceinture. Les yeux du marchand s'agrandirent de convoitise, puis subitement se plissèrent, apercevant une curiosité d'un tout autre intérêt.

« Tenez, brigand, cette babiole ne vaut pas l'écu que je vous donne, mais... », lâcha Pierre en lui tendant la pièce d'argent.

Il s'empara prestement du poignard maure et le glissa sous sa ceinture.

« Merci, monseigneur », minauda le marchand en se courbant presque à toucher du front son étalage d'articles guerriers.

Puis il demanda à brûle-pourpoint :

« Vous rendez-vous au supplice ? »

Pierre dévisagea le marchand, se demandant à quel supplice il faisait allusion.

« Ah, Gordji ! Dieu soit loué, te voici ! Je tremblais qu'il ne te soit arrivé malheur, dit l'oncle.

— Voyons, maître. Que peut-il m'arriver de fâcheux, sinon m'égarer dans cette pagaille de maisons et de ruelles ? C'est d'ailleurs le motif de mon retard », répondit Gordji.

Apercevant le garçon qui s'avançait vers lui, il s'écria :

« Pierre ! Mon petiot ! Sacrebleu c'que tu m'as manqué ! Viens dans mes bras, petite ablette, que j't'écrabouille. »

Pierre se laissa happer par les bras du géant le plus gentil de la chrétienté. Gordji avait été l'écuyer de son oncle avant de devenir son indéfectible compagnon. Pour Pierre, il était comme un frère, un deuxième père, un protecteur, mais également son serviteur puisqu'il n'avait jamais souhaité être considéré autrement.

Gordji fronça ses énormes sourcils qui lui donnaient, avec sa barbe noire striée de poils gris, une tête de Viking tout droit sorti du Walhalla. Certains jours il prétendait être teuton, fils d'un prince allemand. D'autres fois, il affirmait descendre d'une haute lignée tartare. Sa corpulence et ses cicatrices multiples, dont une impressionnante balafre à la joue gauche, ne laissaient en tout cas aucun doute sur sa nature guerrière.

« Maître, était-ce bien prudent de vêtir notre petiot à la templière ? » murmura-t-il en se penchant vers Hugues de Valperthuis.

Pierre écarta un pan de sa cape pour contempler la croix rouge cousue sur sa tunique blanche, à l'endroit du cœur.

« Je tenais à ce qu'il en soit ainsi, expliqua le chevalier, afin qu'il se sente templier en ces heures cruelles où l'Ordre est menacé de disparaître. Mais je lui ai bien recommandé de ne point laisser de regard étranger se glisser sous sa bure... Bon, où cela doit-il se passer ?

— Au bout de l'île de la Cité. Ils sont en train de monter le bûcher. Mais...

— Je sais, Gordji. Qu'avons-nous besoin d'assister au supplice de notre grand maître, Jacques de Molay. Je te l'ai dit, mon ami, Pierre pourrait bien être le dernier des templiers et je tiens à ce que reste gravé dans sa mémoire ce jour maudit.

— S'il doit en être ainsi..., soupira le géant. Que Dieu nous garde. »

2

Le bûcher de la malédiction

Entraînés par le flot d'une foule dense et bruyante, les trois compagnons longèrent la Seine sur une courte distance.

« Dieu merci, le passeur nous a attendus ! constata Gordji avec soulagement. J'ai dû le payer au décuple pour qu'il y consente, le coquin ! C'est qu'en raison de l'événement on se bat pour la moindre barcasse. Voyez, maître, ce remue-ménage autour de l'île aux Juifs.

— Quelle amère vision, mon bon Gordji. On se presse à cette mise à mort comme aux jeux du cirque aux temps impies. »

Pierre, bousculé sans égard par une populace de

plus en plus excitée, eût bien aimé avoir sa part d'*amère vision.* Il saisit le bras du géant en demandant :

« Gordji, puis-je moi aussi goûter du paysage ? »

Deux énormes mains calleuses élevèrent le jeune garçon au-dessus de la marée bigarrée des têtes parisiennes.

« Sacredieu ! En effet, il y a spectacle ce soir, remarqua-t-il, une fois juché sur les épaules du colosse. Est-ce là l'île aux Juifs ? »

Il désigna une larme de terre herbeuse, grouillante de silhouettes humaines, qui s'étirait au milieu du fleuve. Un mince bras d'eau la séparait de l'île de la Cité, à la pointe de laquelle se dressait une tribune pavoisée.

« C'est bien elle », répondit distraitement Hugues de Valperthuis.

Il semblait regarder sans les voir les embarcations de toutes tailles qui glissaient sur la Seine, tels des convois mortuaires sur le fleuve des Enfers. Comme pour accélérer la tombée de la nuit, de gros nuages obscurcirent le soleil couchant.

Pierre frissonna, puis demanda :

« Dites-moi encore, mon oncle, n'est-ce point un bûcher que j'aperçois face à cette tribune ?

— Oui, mon neveu. C'est là que nous allons », affirma le chevalier avec gravité.

Tandis que Gordji descendait vers l'embarcadère

du passeur, Pierre observait avec fascination la montagne de bûches et de fagots. Elle s'élevait au centre d'un espace cerné d'archers brandissant des torches enflammées. Et comme s'il eût fallu incendier le ciel avec la terre, des aides-bourreaux continuaient d'en apporter.

« Faites vite, mes bons seigneurs, ou vous raterez le meilleur », les pressa le passeur en tendant la main à Hugues de Valperthuis.

Négligeant son aide, le templier lui ordonna d'un geste sec de s'occuper plutôt de son esquif. Pierre, que Gordji venait de déposer, se rendit compte au visage fermé de son oncle que ce n'était pas à un spectacle de foire qu'ils se rendaient. Et il perçut une si profonde tristesse dans le cœur du chevalier qu'il n'eut plus envie de sourire.

L'eau du fleuve exhalait un relent de vase auquel se mêlaient le fumet des grillades vendues en bord de Seine et les pestilences les plus diverses. Le passeur hurlait des insultes et des menaces aux autres bateliers pour se frayer une voie. Il semblait que tout Paris se fût donné rendez-vous ici ce soir-là, comme pour un mariage princier.

Alors que les trois passagers posaient le pied sur la berge, un brouhaha s'éleva.

« Écoute-les, ces misérables, maugréa le chevalier, on croirait entendre le peuple romain à l'entrée des martyrs chrétiens dans l'arène.

— Qui vient d'entrer dans l'arène ? s'enquit Pierre.

— L'injustice, mon neveu. L'injustice et la malédiction. »

Il voulait dire que Jacques de Molay, grand maître de l'ordre des Templiers, et Geoffroy de Charnay, précepteur de Normandie, allaient subir le supplice du bûcher.

« Il ne faudra pas rester longtemps, recommanda le géant barbu. Voyez tous ces hommes d'armes qui sillonnent la foule.

— Ils ne s'intéressent qu'aux coupeurs de bourses, tenta de le rassurer le chevalier.

— Puissent-ils ne pas voir la croix qui orne votre torse et celui du petiot. Quelle imprudence ! » bougonna Gordji.

Le chevalier songea alors qu'il serait sage de prévoir le pire.

« Si nous étions menacés et obligés de nous séparer, dit-il, convenons de nous retrouver à l'auberge du *Coq rouge*. De là, nous quitterons Paris pour l'Auvergne et l'abbaye de Valdieu.

— Et ensuite ? demanda Gordji.

— Nous n'aurons d'autre choix que de fuir ce royaume... en priant le Seigneur que les soldats du roi ne nous arrêtent pas avant.

— Comment le pourraient-ils tant que Gordji est avec nous ? » déclara Pierre.

Il adressa un regard complice à son gigantesque

protecteur qui lui passa une main affectueuse sur la tête.

Jouant de son impressionnante carrure, le colosse parvint à ouvrir pour ses maîtres un passage dans la foule. Ils atteignirent ainsi le cordon d'archers qui interdisait l'approche du bûcher. Au fil des minutes, Pierre sentit croître la tension autour de lui et l'atmosphère devenir oppressante. La nuit, à présent complète, renforçait l'intensité de ce spectacle à la fois magnifique et effrayant. On eût dit une sorte de grand-messe en plein air avec pour autel, dressé au cœur d'une cathédrale de lumière, un bûcher monumental.

Impressionné, Pierre observait les hommes en armes qui avançaient vers la montagne de fagots. Ils encadraient deux pitoyables silhouettes décharnées, seulement vêtues d'une chemise en lambeaux. L'une de ces silhouettes, malgré sa maigreur et son pas chancelant, avait conservé une saisissante autorité.

« C'est lui : Jacques de Molay », chuchota Hugues de Valperthuis à l'oreille de son neveu.

Surpris, Pierre eut un léger sursaut. Il se tourna vers son oncle.

« Qui sont ces malheureux ? Qu'ont-ils fait de si terrible ? l'interrogea-t-il.

— Ils n'ont fait que servir Dieu, la foi, l'Église... et l'ordre des Templiers, toute leur vie et de toute leur âme.

— Est-on condamné pour cela au supplice du bûcher ?

— Les templiers, tu le sais, sont des soldats de Dieu, des chevaliers qui n'ont d'autre cause que de défendre les valeurs de la foi. Ils ont tant et si bien combattu qu'ils sont devenus riches, puissants et respectés. Voilà la raison de leur perte. Un roi tel que Philippe le Bel ne pouvait supporter pareille rivalité... Tiens, regarde, il paraît avec les membres de son conseil. »

Le chevalier désigna la tribune royale dressée au-delà du bûcher, sur lequel des bourreaux encapuchonnés de rouge étaient en train d'attacher les suppliciés.

« Il a l'œil plus sévère que mon maître d'armes, fit remarquer Pierre.

— Il a la cruauté du fauve et la froideur du serpent. Ce souverain-là a décidé la fin des templiers. C'est pourquoi je t'ai amené ici. Non point pour t'endurcir au spectacle de la souffrance, ni pour t'enseigner sur la bêtise ou la méchanceté des hommes, mais pour que tu saches qu'un jour, peut-être, tu seras le dernier des templiers. Alors, ce que tu auras vu et vécu en ce jour prendra tout son sens. Il faut que tu saches comment on tenta de mettre fin aux valeurs de la haute chevalerie. »

Un bourreau coiffa les templiers de l'infamant bonnet de papier réservé aux hérétiques. Le silence s'étendit sur la petite île, un silence terriblement pesant. Chacun retint son souffle. Un moine brandit un crucifix au bout d'une longue hampe, en prononçant des paroles que nul ne put entendre. Puis tous les regards se tournèrent vers la tribune royale. Le souverain avait l'immobilité et la pâleur d'une statue de marbre.

« Va-t-il accorder sa grâce ? chuchota Pierre, la gorge serrée d'émotion.

— C'est à lui qu'il faudrait l'accorder, répondit son oncle. Il en aura besoin lorsqu'il comparaîtra devant le Tout-Puissant pour répondre de ses crimes. »

Philippe le Bel fit un imperceptible signe de tête. Un officier répercuta l'ordre aux bourreaux qui aussitôt plongèrent à la base du bûcher leur torchère enflammée. La foule, accompagnant la montée des flammes, se remit à bruire, à gronder, puis à hurler. Les templiers affrontèrent la fumée en se tordant, comme s'ils voulaient arracher le poteau de bois auquel ils étaient liés. Soudain, les premières flammes léchèrent les pieds de Geoffroy de Charnay qui poussa d'horribles hurlements. La poix dont il était enduit s'embrasa avec une rapidité inouïe. Alors Jacques de Molay, fixant la tribune royale d'un œil effrayant, cria :

« Pape Clément, juge inique et cruel bourreau, je t'ajourne à comparaître dans quarante jours devant le tribunal de Dieu ! Et toi aussi, roi Philippe ! Soyez maudits jusqu'à la treizième génération... »

Les flammes le dévorèrent à son tour, étouffant sa

voix. Quelques femmes commencèrent à pleurer tandis que d'autres applaudissaient. Des bourgeois, redoutant la fureur du Ciel, se mirent en prière, tandis que d'autres crachaient par terre et raillaient : « Comme ils cuisent bien, les hérétiques ! Et bonne route pour l'enfer ! »

« Maître, c'est fini. Il faut partir, dit Gordji pris d'inquiétude.

— N'oublie pas, mon neveu, qu'un jour peut-être tu seras le dernier des templiers, dit le chevalier en prenant la main de Pierre.

— Devrai-je venger Jacques de Molay ?

— Vengeance n'est pas justice ! C'est en faisant connaître notre cause et en défendant nos valeurs que tu perpétueras notre œuvre. Pour le reste, c'est au Ciel et à l'heure du Jugement dernier que les comptes seront faits.

— Je ne vois pas très bien ce que je pourrais faire. Comment est-il possible de poursuivre l'œuvre du Temple ?

— Avec de l'or. Bien que le roi Philippe ait voulu confisquer toutes les richesses des templiers, il n'y est pas parvenu. Il reste un trésor ignoré même de la plupart d'entre nous. Il se trouve à Valdieu où nous le récupérerons avant de quitter le royaume... Écoute-moi bien, Pierre : si malheur devait m'arriver, tu te rendras à l'abbaye de Valdieu. Demande frère François car il détient la carte qui mène à ces richesses.

C'est à lui et lui seul qu'il te faudra te présenter... avec ce sceau. »

Le chevalier passa au cou de l'enfant un médaillon d'argent représentant deux cavaliers chevauchant une même monture. Gordji posa une main sur l'épaule d'Hugues de Valperthuis.

« Maître, j'aperçois un remue-ménage suspect à quelques pas d'ici ; éloignons-nous, je vous en conjure.

— Force le passage devant nous, ordonna le chevalier. Et porte Pierre, de peur que cette foule de charognards ne nous l'étouffe. »

3

Pierre perd Gordji

Assis sur les épaules du géant où il disposait d'une vue panoramique, Pierre repéra un visage connu au milieu de ce grouillement humain. « *Le marchand d'armes ! Pourquoi me désigne-t-il du doigt ?* » s'interrogea-t-il.

Puis il s'écria :

« Sacrebleu ! Il nous dénonce à des archers... Gordji, en avant ! Je crois qu'on nous en veut. »

Aussitôt Gordji se mit à fendre la foule, comme s'il se fût agi d'un champ de maïs.

« Trouvons une barque pour retraverser le fleuve », dit le chevalier.

Quelques mètres avant la rive, un soldat surgit

devant le colosse. L'homme reçut une claque qui l'expédia à terre. Un second voulut lui barrer le passage.

« Halte-là ! Au nom du... ! »

Un coup de poing sur le casque lui fit rentrer les mots dans la gorge. Un troisième se présenta, mais il n'eut pas le temps d'ouvrir la bouche ; le poing d'Hugues de Valperthuis lui coupa le souffle.

« Pourquoi ne point l'avoir percé de votre épée, mon oncle ? s'étonna Pierre.

— La vie est sacrée, mon neveu. Pourquoi commettre un sacrilège quand un simple coup suffit au résultat ? Retiens, Pierre, que nous, chevaliers du Temple, ne devons user de nos lames qu'en ultime recours. »

Un mouvement de panique s'empara de la foule. Quelques inconscients, qui pourtant ne savaient rien de l'événement, voulurent s'en mêler. Trois se retrouvèrent à l'eau, un quatrième servit de projectile. Au milieu des cris et des injures, les fugitifs s'emparèrent d'une barge que Gordji vida de son chargement de passagers.

« Gare aux flèches des archers ! » prévint le chevalier.

Une première fusa dans leur direction... se perdit dans les flots noirs. Plusieurs suivirent qui toutes finirent dans la Seine.

« La nuit nous protège ! » s'exclama Hugues de Valperthuis.

À peine mirent-ils pied sur l'autre berge qu'un groupe de six sergents se porta à leur rencontre.

« Holà ! Est-ce vous qu'on tire depuis l'île ? demanda l'un d'eux.

— Je ne crois pas, répondit le templier en se donnant un air détendu. Il semble qu'on en veuille à des coupeurs de bourses, et si l'on nous visait ce ne peut être que par hasard.

— Suivez-nous quand même, ordonna l'officier de la patrouille.

— Ma foi, si vous l'entendez ainsi », marmonna le templier, en ajustant ses gants de cuir pour régler cette affaire par une distribution de claques.

Gordji s'avança et, avant que les sergents pussent réagir, deux mordaient l'herbe. Les quatre autres reculèrent, fixant le géant comme s'il se fût agi d'une apparition démoniaque. Leur officier donna de la voix. Ils se reprirent et lancèrent une attaque. Effrayé, Pierre se retrancha derrière son oncle. Mais se rendant aussitôt compte de sa lâcheté, il dégaina son poignard maure. Saurait-il s'en servir ? Et aurait-il le courage de s'en servir ? Jusqu'à ce jour il n'avait jamais assassiné que des sacs de son, durant ses entraînements avec son maître d'armes. Gordji plia le premier adversaire d'un direct au foie, puis il lui prit la tête sous le bras. Sans le lâcher, il opposa à l'épée d'un second la lame de son énorme poignard, celui avec lequel, prétendait-il, il chassait jadis le loup sur la toundra sibérienne. Il eût aisément pu le tuer ; il se contenta de lui infliger une estafilade au bras. Au même moment, son maître assomma le cinquième sergent. Le rescapé s'enfuit en hurlant :

« À la garde, à la garde ! »

La populace qui se pressait le long de la Seine comprit que le spectacle, pour excitant qu'il fût, risquait de mal tourner. Une arrestation virant au jeu de massacre, cela s'était déjà vu... On se précipita en grand désordre par les venelles et les places. Une belle cohue qui ne fit pas l'affaire des fugitifs, bloqués dans une masse compacte de Parisiens braillant. Pierre avait trouvé refuge sur le dos du géant.

« Gordji, s'écria le chevalier, emporte mon neveu hors de cette mêlée. Trouvez un lieu sûr où attendre que les rues se vident. Nous nous rejoindrons à l'auberge du *Coq rouge*. Va, Gordji ! Que Dieu vous garde ! »

Le colosse acquiesça d'un signe de tête. Alors, les corps humains se mirent à voler devant lui comme au passage d'une tornade. Il ne faisait aucune différence entre dames et messieurs, soulevant les uns par un bras, d'autres par le col. Pour les plus gros morceaux, il s'y prenait à deux mains. Pierre l'encourageait en criant, comme il le faisait naguère dans la cour de son château, lors des batailles de chevaliers qu'il menait avec ses camarades de jeux. Hélas ! le message circula vite qu'il fallait arrêter un géant, un enfant et un templier déguisé en moine. Si bien qu'un grand nombre de cavaliers se répandit dans la ville. L'un d'eux finit par tomber sur Gordji et son jeune protégé. Ils s'étaient arrêtés sur la margelle d'un puits pour reprendre leur souffle.

« Suis-moi ! s'exclama Gordji.

— Ne peux-tu lui faire mordre le pavé ? s'étonna Pierre.

— Ce soldat n'est pas seul. Entends, il en vient de partout ! »

Effectivement, des bruits de cavalcades signalaient l'approche d'autres cavaliers. Ils s'engouffrèrent dans la rue la plus étroite. Un siège de bois s'abattit tout à coup sur le colosse qui chancela. Pierre leva les yeux. Un bourgeois hilare cria des insultes :

« Manants ! Brigands ! Au cachot !

— Pierre... fuis ! articula Gordji en se tenant la tête.

— Nenni ! Je reste pour te protéger !

— Fuis, te dis-je ! Je saurai bien me débrouiller sans toi. »

Un premier cavalier s'engagea dans la ruelle, l'épée à la main. Il mit pied à terre.

« Un geste et je t'embroche ! menaça-t-il.

— C'est moi qui vais t'embrocher si tu avances ! » répliqua le géant en brandissant sa dague.

Ce disant, un voile rouge troubla sa vue. Il inclina la tête et se prit le front de sa main libre. Le garde sourit, mais il ne prendrait pas le risque d'arrêter une telle masse de muscles. Il marchait pour tuer ! Pierre vit que l'homme ne lui prêtait aucune attention. Il le laissa approcher, glissa la main sous sa cape... Son cœur battait à tout rompre. Le garde leva son épée pour embrocher Gordji. Il émit un bref juron et porta les mains à son ventre, puis s'effondra. Pierre considéra quelques secondes le soldat gisant à ses pieds. Il rengaina son poignard maure, maculé de sang. Pour la première fois de sa vie, un homme avait été rappelé à Dieu par sa faute. Devrait-il pour cela subir les flammes de l'enfer ?

« Holà ! Qu'est-ce là ? » s'écria un soldat à l'entrée de la rue.

Une troupe d'une dizaine d'hommes l'accompagnait.

« Va-t'en, Pierre ! Vite ! ordonna le géant.

— Gordji, non ! Je...

— L'ordre du Temple, Pierre, pense à l'Ordre ! »

Les soldats avançaient avec prudence. De leurs fenêtres, les habitants lançaient des imprécations sans que l'on pût dire à qui elles s'adressaient. Pierre, la vue brouillée de larmes, se décida enfin à abandonner son protecteur. Aussitôt l'officier s'exclama :

« L'enfant ! Ne laissez pas s'échapper cette graine d'hérétique ! »

4

Mine, la petite boulangère

Pierre fuyait comme dans un cauchemar. Il avait l'impression de sillonner un dédale sans fin de ruelles et de places, tantôt désertes, tantôt grouillantes de monde. Maintes fois, il ne dut d'échapper aux griffes des soldats qu'à son agilité. Il se faufilait entre les adultes comme entre les troncs d'une forêt dense. L'épuisement le gagnait cependant et il n'avait toujours pas réussi à semer ses poursuivants dont il entendait les cris : « Attrapez-le ! Le jeune coquin ! Saisissez-le, au nom du roi ! » Il lui fallait d'urgence trouver une cachette. Sans réfléchir, il pénétra dans une échoppe. Une énorme femme se retourna sur lui ; une autre, dont le visage était jeune et doux, dit en s'adressant au garçon :

« Ouh, Dieu ! Quelle entrée ! Faut-il que ton appétit souffre d'une bien cruelle impatience. Mais tu devras attendre, petit glouton, que j'en finisse avec cette dame. »

Trop essoufflé pour articuler le moindre son, Pierre acquiesça de la tête. C'est alors qu'il se rendit compte qu'il se trouvait dans une boulangerie. Une fillette entra à son tour dans la boutique. Elle portait au bras un panier d'osier rempli d'œufs.

« Laissez, mère : ce client-là est pour moi. »

Pierre se retourna et dévisagea avec étonnement la jeunette qui venait de parler. Elle avait son âge et un minois à la beauté fraîche et lumineuse. Il fut instantanément subjugué.

« Tu as bien tardé, ma fille. Quels jeux t'ont retenue ? demanda la boulangère.

— Point de jeux, ma mère, mais un grand remue-ménage de soldats et de populace aboyante. Il semble qu'on soit à la poursuite d'un grand diable et d'un diablotin.

— Un diable ! s'effraya la volumineuse cliente en se signant. Est-ce là ce qu'on prétend ou s'agit-il seulement d'une tournure de langage ?

— À vous de choisir, dame Capradelle », répondit la fillette avec un regard espiègle.

Disant cela, elle prit par le bras le garçon, tout

ébloui, et l'entraîna vers l'arrière-boutique. Ils franchirent la porte basse d'une réserve minuscule où les boules de pains s'entassaient sur des étagères.

Enfin, Pierre réagit :

« Où m'emmenez-vous ?

— À l'abri des curieux, voyons.

— Et pourquoi donc ? Suis-je si laid que vous craigniez que je fasse fuir le client ?

— Un diablotin est en effet bien laid... en gargouille sur Notre-Dame. Mais vu de près... »

Elle considéra le garçon tel un artisan recrutant un commis. Elle sourit avant de conclure :

« En vérité j'hésite, car, à vous regarder tout à l'heure détaler dans la rue, j'aurais plutôt parié que c'était vous qui aviez le Diable aux trousses. »

Pierre crut judicieux de faire semblant de s'indigner.

« Croyez-vous que je sois ce diablotin qui... ?

— Eh bien, Mine ! ces œufs, c'est pour aujourd'hui ou pour la pâque ? » l'interrompit une voix bourrue, dans la pièce à côté.

La fillette ordonna à Pierre de se taire, puis elle répondit :

« Voici, père ! J'ai tardé car je voulais vous ramener les plus beaux de Paris. »

Elle demanda à son *client* de se faire discret en restant à l'entrée du fournil. Le boulanger, plongé dans son pétrin, n'accorda de toute façon aucune attention aux enfants. Un mitron d'une quinzaine d'années s'empara du panier d'œufs. Aussitôt Mine fit gravir à Pierre un escalier de bois. Ils accédèrent à une salle à manger qu'ils traversèrent. Elle le fit ensuite pénétrer dans une coquette chambrette disposant d'une cheminée, d'un coffre de bois brun et d'un lit à baldaquin à une place que d'épais rideaux de laine permettaient de clore.

« Vous voici dans mon domaine, jouvenceau ! fit Mine en effectuant une élégante virevolte.

— Je ne suis pas un jouvenceau, protesta Pierre.

— C'est vrai, vous êtes un diablotin, fit Mine avec un délicieux sourire. Mais au fait, est-ce bien certain ? Je ne vois point d'oreilles pointues ni de pieds fourchus ? À moins que... »

Elle tenta d'écarter un des pans de la cape de bure du garçon, qui se rebiffa :

« Bas les pattes, la minette !

— Oh, je vois, messire est chatouilleux.

— Que voulez-vous ? De l'argent ? Si vous êtes aussi gourmande qu'un coupeur de bourses, je n'en ai point assez pour vous rassasier ! Et quand bien même... »

Voyant qu'il ne faisait que déclencher l'hilarité de la fillette, il s'interrompit et se renfrogna.

« Allons, ne prenez pas la mouche pour si peu, dit-elle en se posant sur un tabouret comme un pétale.

Racontez-moi vos mésaventures et voyons si je peux vous aider. »

Pierre hésita, pour la forme, car il avait senti que la petite boulangère ne lui voulait aucun mal. Il se garda tout de même, dans son bref récit, d'évoquer sa parenté avec des chevaliers templiers. À peine évoqua-t-il une dénonciation par un camelot qui aurait ouï une conversation entre son oncle et son serviteur...

« Voilà, demoiselle Mine, c'est tout, termina-t-il en haussant les épaules. Une mauvaise aventure comme il doit s'en produire à foison dans cette étrange ville.

— Sans doute... Que comptez-vous faire pour retrouver votre oncle et Gordji ? »

Pierre hocha la tête. Comme il aurait aimé pouvoir répondre à cette question.

« Nous devions nous rejoindre à l'auberge du *Coq rouge*. Mais j'ignore où se trouve cet endroit.

— Moi, je le sais. »

Le regard de Pierre brilla.

« Vraiment ?

— Vraiment.

— Alors, prestement, conduisez-moi et je vous promets récompense sonnante et trébuchante.

— Holà, mon ami ! il est bien tard et mon père ne me laissera point sortir. D'ailleurs, plus personne ne devra traîner dans les rues d'ici peu, sous peine de faire de vilaines rencontres. Nous verrons cela demain... Vous dormirez ici.

— Ici ? » répéta Pierre en se demandant si elle comptait lui faire passer la nuit dans la cheminée.

Elle parut deviner sa pensée, car elle enchaîna en désignant le lit :

« Ici, veux-je dire. Considérez qu'il s'agit là d'un acte charitable, car je n'aime point trop qu'on empiète sur mon territoire. Vous devrez cependant vous tasser pour ne point me gêner.

— Me tasser », marmonna Pierre en s'approchant de la couche qu'il considéra avec défiance.

« J'ai assez connu le parc à cochons en punition de mes bêtises, pensa-t-il, pour redouter le lit d'une fille... fût-elle jolie. » Il acquiesça avec le sourire et, oubliant toute prudence, se défit de son manteau de bure.

« Hooo ! » fit Mine.

Pierre pâlit, certain que son hôtesse venait de s'effrayer de la croix templière cousue sur sa poitrine. Elle s'avança en s'extasiant :

« Le magnifique objet que voici ! Le tenez-vous d'un ancêtre ? Ou peut-être votre oncle l'a-t-il arraché de la main d'un sarrasin lors d'une croisade ? »

Pierre ne put retenir un soupir de soulagement. Elle ne s'intéressait qu'à son poignard maure. Il dégaina fièrement l'arme.

« Mais... qu'est-ce là ? » s'effraya la fillette en apercevant le sang poisseux du soldat qui maculait la lame.

Cette fois, Pierre se sentit défaillir. Elle allait sûrement alerter ses parents, lesquels alerteraient la garde, qui...

« N'ayez crainte, je ne suis point assassin, assura-t-il.

— Ainsi c'est donc cela ; la garde vous poursuit pour avoir égorgé une oie ! »

La fillette prit soudain un air soucieux. Elle alla ouvrir la fenêtre.

« Restez là et n'en bougez point ! » ordonna-t-elle en quittant la chambre.

Pierre eut alors le désagréable sentiment d'être fait comme un rat...

5

Mine la traîtresse ?

Panique ! Aux cliquetis d'armures et aux voix masculines provenant de l'escalier, Pierre déduisit qu'il avait été trahi. Il tourna dans la chambre à la recherche d'une issue... Par la fenêtre ? Impossible sans se rompre les os. Se cacher alors et prier qu'on le crût déjà loin...

La voix de Mine se fit entendre dans l'autre pièce :

« Voyez vous-mêmes, messeigneurs. Qui oserait mentir aux gardes de Sa Majesté ? »

La porte de la chambre s'ouvrit, livrant passage à deux hommes d'armes, suivis des parents de Mine, visiblement très inquiets. Pierre s'était caché dans le lit à baldaquin dont il avait tiré les rideaux. S'aplatissant le plus possible sous le matelas de paille hachée, il serrait son poignard maure, bien décidé à vendre chèrement sa vie... et, s'il devait survivre aux gardes, à étriper cette petite traîtresse de boulangère.

La fillette se faufila entre les gardes.

« Mais que croyez-vous, messeigneurs ? Que je dissimule un jouvenceau dans ma chambre ? Regardez donc dans le conduit de cheminée... ou dans ma couche, sait-on jamais ? »

Pierre se tenait prêt à surgir. Mine entrebâilla les rideaux, blêmit en découvrant le bombé inhabituel de son matelas.

« Dans ta couche, dis-tu ? fit un des gardes, soupçonneux. Voyons, si je l'ouvre, ce qu'il en sortira ! »

Il s'approcha du lit, l'épée à la main. Mine, qui ne pouvait s'interposer, retenait avec peine des tremblements nerveux.

« Laisse, Gontrand ! s'exclama l'autre garde. Partons, nous perdons notre temps. »

Gontrand adressa un sourire en partie édenté à la fillette.

« Adieu, mignonne. Et n'oublie pas : un jouvenceau qui porte une croix rouge sur la tunique, c'est de la graine d'hérétique. Dénonce-le sur-le-champ ! »

Mine acquiesça comme une jeune fille soumise et timide. Les gardes s'en retournèrent... Ouf !

À la nuit, Mine apporta en secret quelques victuailles à son hôte, puis ils se couchèrent. L'étroitesse du lit les obligeait à se blottir l'un contre l'autre. Après quelques minutes, la fillette demanda à voix basse :

« Es-tu vraiment de la graine d'hérétique ?

— En ai-je l'air ? »

Il se fit un silence. L'obscurité ne leur permettait pas de se voir, aussi se regardaient-ils avec les yeux de l'imagination.

« Dans le quartier, on chante que les gardes fouillaient les maisons à la recherche d'un templier, reprit Mine. Qu'est-ce donc ?

— Un chevalier qui sert l'ordre du Temple.

— Oh ! Vraiment ? Serais-tu fils de chevalier ?

— En effet et je compte bien à mon tour le devenir.

— Ne l'es-tu point déjà par ta bravoure et ta foi ?

— Certes, mais il me faudra quand même être adoubé par mes pairs. À moins que... à moins que je ne sois le dernier des templiers, ajouta le garçon d'une voix triste.

— Demain, je t'aiderai à retrouver ton oncle. Et je vais prier Dieu pour qu'Il t'aide Lui aussi.

— Je vais à mon tour formuler une prière.

— La même ?

— Presque... J'y ajoute le souhait qu'un jour tu deviennes une princesse. »

Mine sourit. Ce seul mot suffisait à la faire dériver vers les riches contrées du rêve. Mais une pensée assombrit ce beau paysage.

« Les petites boulangères ne deviennent jamais des princesses », murmura-t-elle d'une voix à peine audible.

Pierre sourit. Il serait chevalier et déjà il savait qui serait sa princesse.

Au matin, Mine se redressa d'un coup. Elle serra le bras de Pierre.

« Pierre, réveille-toi, prestement je te prie, ma mère va entrer. Je l'entends qui approche.

— Mmm... plaît-il ?

— Secoue-toi, voyons ! »

Les émotions de la veille les avaient tant épuisés qu'ils n'avaient pas vu venir l'aube. Déjà la rue s'animait, tandis qu'au-dessous la boulangerie était depuis longtemps en effervescence.

La boulangère fit son entrée.

« As-tu aéré ta chambre, ma mignonne ? »

D'un geste vif, Mine rabattit sur Pierre la couverture de laine.

« J'allais le faire, mère. Je m'occupe d'abord de mon lit. »

La femme considéra la fillette d'un air suspicieux.

« As-tu passé une bonne nuit, ma fille ?

— Certes, ma mère. Et vous ?

— J'étais inquiète pour ce garçon que chasse la garde royale. Je me demande s'il ne s'agit pas de ce moinillon qui, hier soir, surgit en trombe dans notre établissement.

— Oh, non ! Celui-là m'a acheté une boule au sarrasin, puis je l'ai fait sortir par l'arrière. C'est pourquoi vous ne l'avez plus revu ensuite.

— Ah bon, soupira la boulangère, me voilà rassurée... »

Elle sourit et reprit :

« Car s'il s'était agi du fuyard, je suis certaine que tu l'aurais recueilli et caché. Nous serions alors tous en grand danger et il devrait prestement quitter notre demeure. Sans doute faudrait-il qu'on lui prête une tenue de mitron, car c'est un enfant en cape brune que pourchasse la garde... »

Mine baissa les yeux. Ses joues rosirent.

« ... un rejeton de chevalier du Temple, raconte-t-on, au cheveu brun bouclé et l'œil malicieux. Il faudrait également que tu l'approvisionnes d'une musette de victuailles que j'aurais moi-même, ta complice de charité, préparée et placée sous le guichet de notre échoppe. Et tout cela bien sûr en grand secret, car ton père ne ferait pas tant de sentiments que nous. Il faudrait enfin, pour qu'il évite de rencontrer monsieur ton père, que j'attire celui-ci à l'échoppe pour permettre à ce mitron templier de s'esquiver par l'arrière. J'ajoute pour finir que j'interdirais à ma fille de l'accompagner au-delà du bout de la ruelle. »

Muette d'émotion, Mine embrassa sa mère, puis appela son protégé :

« Pierre, tu peux sortir. Ma mère est un ange et les anges ne dénoncent pas les chrétiens en danger. »

Pierre, bientôt transformé en mitron, chargé d'une sacoche de cuir contenant ses vêtements et son poignard maure, suivit sa jeune bienfaitrice à l'arrière de la boulangerie, puis jusqu'au bout d'une ruelle crasseuse. Là, il l'arrêta pour déclarer :

« C'est ici que nous nous quitterons, petite princesse. Que Dieu te bénisse ! Je ne t'oublierai pas. »

Mine le dévisagea, incrédule.

« Comment ? As-tu vraiment cru que je te laisserais te perdre dans les rues de Paris ?

— Je ne l'ai point cru, mais fermement décidé. Ta douce mère...

— Laissons ma douce mère à ses inquiétudes, veux-tu ! Je vois que tu ne connais rien au tempérament parisien, moins encore au mien. J'ai moi aussi fermement décidé quelque chose... te guider jusqu'à l'auberge du *Coq rouge* ; il ferait beau voir que tu m'en empêches !

— Dans mon comté, on fesse les indociles...

— Oh ! Cela ne s'est point vu, jamais, en ma maison. Par contre, j'ai déjà vu ma mère gifler des malappris qui lui manquaient de respect. Alors, avance, galopin, avant que je ne t'en fasse une démonstration. »

Pierre éclata de rire et se résigna à se laisser guider.

6

Sa Majesté de la Cité

S'engageant dans une rue fort insalubre, Mine et son mitron templier croisèrent deux gamins déguenillés qui leur tournèrent des regards en coin peu avenants. Le plus grand les apostropha en ces termes :

« Holà ! la boulange, vous venez de quel quartier ?

— Saint-Michel, répondit Mine en accélérant le pas.

— Alors, vous ne revenez point de livraison. Mais sans doute allez-vous acheter quelques denrées ? »

Pierre s'arrêta pour faire face à l'importun – un adolescent crasseux d'une quinzaine d'années qui le dominait d'une bonne tête. Sa tignasse était de jais et son teint mat.

« Avance, Pierre, il veut savoir si notre bourse est bien garnie.

— Si ce sont des comptes qu'il veut faire, qu'il commence par ses abattis.

— Ohé ! messire mitron brave le roi de la Cité. Quelle arrogance ! Sache que je suis Marco, souverain de ces lieux et que tout étranger me doit octroi. »

Disant cela, l'adolescent agrippa Pierre par le col en exigeant :

« Ta bourse, morpion, ou je t'aplatis le groin.

— Que Sa Majesté des pouilleux sache à son tour que je m'entraîne au combat depuis l'âge de cinq ans et que je possède mon propre maître d'armes. »

Marco pouffa de rire, puis leva la main pour le gifler. Mine s'approcha, saisit le poignard maure dans la besace de Pierre.

« Il suffit, pendard ! s'écria-t-elle en plaquant la lame sur la gorge de l'agresseur. Portez votre regard dans une autre direction et oubliez que nous existons.

— Mine ! s'exclama Pierre. Par tous les diables, range-moi cette lame !

— Quand ce maraud aura tourné talons. »

Marco adressa un sourire crâneur à la fillette, puis lâcha Pierre. Mais celui-ci s'emporta aussitôt... contre Mine :

« Peste ! Faut-il qu'une fille se mêlât d'affaires d'hommes ? Ce pouilleux veut un octroi, je m'en vais le lui donner en coquards et moult bleus.

— Affaires d'hommes ! s'étrangla la fillette. As-tu vu la longueur de tes poils au menton ? Une affaire de béjaunes, oui !

— Qu'importe le poil au menton quand l'honneur d'un Valperthuis est en cause, répliqua Pierre. Ce béjaune-là va prendre sa raclée. Écarte-toi, princesse, ce ne sera guère long. »

Mine se renfrogna, mais consentit à reculer pour attendre que son jeune écervelé de compagnon prît la correction qu'il méritait. Celui-ci engagea les hostilités : une tentative de coup de poing à la tête, Marco esquiva ; une prise au cou, Marco grimaça ; un croc-en-jambe, Marco pivota et s'étala sur un tas d'immondices. Pourtant, cela fit rire le roi de la Cité.

« Bien joué, l'ami, dit-il en se remettant sur pied. Maintenant, à toi de mordre la gadouille. »

Il se jeta sur son adversaire qui le prit à bras-le-corps. Ils roulèrent à terre, grognant et poussant des jurons, sous l'œil impatient de Mine et les encouragements du complice de Marco. Quand soudain un cri fusa :

« C'est lui ! Je le reconnais ! »

Mine vit avec effroi un gros bourgeois flanqué de deux sergents en armes avancer vers les bagarreurs. L'acolyte de Marco prit peur et s'enfuit. La fillette alla tirer Pierre par le bras.

« Vite, mon ami, lève-toi !

— Voyez comme il détrousse cet innocent mitron ! » reprit le bourgeois.

Les gardes séparèrent les garçons.

« Ah, je te retrouve, vide-gousset ! Me rendras-tu mes deniers ? criait le gros homme cramoisi de colère au roi de la Cité.

— N'y comptez point trop, maître Pandor, ce genre de vaurien n'en fait pas long usage, répondit le sergent qui tenait Marco.

— Ça va, jeunot ? s'enquit l'autre homme d'armes en aidant Pierre à se relever. Nous arrivons à point, dirait-on.

— Eh bien... certes », répliqua l'adolescent déconcerté.

Il échangea un regard avec son amie qui ne cachait pas son soulagement.

« Qu'allez-vous lui faire ? demanda-t-elle en désignant Marco qui se tortillait entre les bras du garde.

— Une main tranchée pour avoir estampé maître Pandor et l'autre avec pour toutes les bourses qu'il aura tirées dans sa misérable existence. »

Pierre serra les poings. Mine le vit et s'inquiéta qu'il ne commît une bêtise en l'entendant dire :

« J'ai une requête à formuler. Permettez-moi, sergent, d'achever la leçon de respect que j'étais en train de donner à ce miteux. Juste un coup, bien placé au milieu des côtes.

— Ma foi, je n'y vois que légitime dédommagement, consentit le sergent. Et je vais même te le tenir.

— Surtout pas ! Question d'honneur ! » protesta Pierre.

Marco le fusilla du regard, puis afficha une sorte d'assentiment silencieux. Pierre arma son bras...

« Outch ! »

Ce fut le soldat qui plia le buste. L'autre et le bourgeois ouvrirent de grands yeux stupéfaits.

« Vite, Marco ! Sauve ta peau ! » cria le jeune templier.

Les trois enfants déguerpirent à toutes jambes dans la même direction. Les cris des gardes et du bourgeois retentirent, puis se perdirent à mesure que les fuyards s'enfonçaient dans le *royaume* de l'île de la Cité.

Après quelques minutes de course folle, ils s'arrêtèrent pour reprendre leur souffle et rire de leur bon coup.

« Un instant, j'ai vraiment cru que tu allais me frapper, dit Marco en prenant Pierre par les épaules. Crois-moi, sans ton clin d'œil, tu aurais vu de près la couleur de mes chaussures. »

Mine sourit : le garçon était pieds nus.

« J'ai pour ma part tremblé de peur comme jamais, avoua-t-elle. Mais ne nous attardons pas davantage. Nous avons une course des plus urgentes à faire.

Veille à tes mains, Majesté et cesse de voler si tu ne veux pas finir en enfer ou pour le moins manchot.

— Fais-toi mitron », suggéra Pierre.

Ils éclatèrent de rire, puis Marco déclara :

« Pas question de se quitter ; vous êtes dans mon royaume et je vous dois hospitalité. Où vous rendiez-vous ?

— À l'auberge du *Coq rouge*, répondit Pierre. Je dois y retrouver mon oncle. Et pour ne rien te cacher, sache qu'il est poursuivi par la garde royale et que je ne suis pas plus mitron que toi poltron.

— Je l'avais deviné ; les vrais mitrons mettent genou à terre devant moi et donnent leur bourse en tremblant. Quel crime a donc commis ton oncle ?

— Cela reste un secret. Peux-tu nous aider ?

— Si je le peux ? Nom de Dieu, je vous dois mes mains !

— Ne blasphème pas, veux-tu ! » le tança Mine.

Marco mima une courbette servile, puis annonça :

« Damoiselle Mine, messire Pierre, voyez en moi votre serviteur. Je vous offre mon royaume... et ma vie, si je ne puis faire autrement.

— J'avais un serviteur, fit Pierre en baissant les yeux. Il a donné sa vie pour moi. »

Marco se racla la gorge.

« Bon, suivez-moi. Je vous paie une pinte de vin au *Coq rouge*. »

7

La fin d'un chevalier du Temple

Quelques venelles plus loin, les trois compagnons s'engagèrent dans la rue des Drapiers. Ils repérèrent rapidement l'enseigne du *Coq rouge*. Presque simultanément, ils remarquèrent l'attroupement devant l'auberge : des soldats ainsi que deux sergents royaux, vêtus de bleu, portant un bâton surmonté d'une fleur de lys. Pierre ne put retenir une exclamation :

« Par Dieu, mon oncle !

— Du calme, Pierre, il est possible qu'ils ne l'aient point trouvé, fit Mine.

— Retournons, cela sent le Marco grillé, marmonna Sa Majesté de la Cité.

— Non. Je dois en avoir le cœur net, déclara Pierre

en serrant dans sa sacoche le manche de son poignard maure.

— Attends. Il ne faut pas qu'on nous voie », lui chuchota Mine en lui prenant le bras.

Alors retentirent des cris et des bruits de meubles renversés à l'intérieur de l'auberge. Un soldat en fut violemment expulsé, qui atterrit lourdement au milieu de la rue. L'instant d'après apparut, épée au poing, un homme d'âge mûr coiffé d'une cotte de mailles et portant une tunique blanche marquée de la croix rouge des templiers.

« Mon oncle ! » s'écria Pierre.

Les hommes d'armes se retournèrent – ce qui créa une heureuse diversion. Hugues de Valperthuis en passa deux par le fil de l'épée. Quatre autres réagirent en lançant une attaque simultanée que repoussa le chevalier d'un mouvement de faux.

« Portons-nous à sa rescousse ! » hurla Pierre en brandissant son poignard.

Marco hésita. Puis, ayant ramassé l'épée d'un soldat mort, il se jeta dans la mêlée. Pierre bondit sur le dos d'un sergent, mais à l'ultime instant, il ne put trouver le courage de l'égorger.

« Lâchez votre épée ou je vous coupe le cou ! »

Les sergents royaux étaient entraînés à réagir aux pires situations. Celui-là eut vite fait de se débarrasser du moucheron agrippé à son dos. Étendu sur le ventre, une botte sur la nuque, Pierre allait être exécuté sans autre forme de procès.

« Petite vermine ! Recommande ton âme au Diable ! » proféra le sergent.

Ce furent ses dernières paroles. Marco lui fit rendre l'âme d'un coup d'épée bien ajusté. Le chevalier se battait avec l'ardeur des grands guerriers. Mais son bras n'avait plus la puissance de ses vingt ans et commençait à faiblir. Trois soldats lui menaient rude vie. Il n'en resta bientôt qu'un, mais ce fut à celui-là que revint la conclusion du combat. Sa lame s'enfonça dans le ventre du templier.

« Ha ! »

Le cri du chevalier fut bref et profond. Il se figea, comme si cette lame entrant dans son corps avait brutalement suspendu le temps. Pierre aussi s'immobilisa. Il vit le visage de son oncle s'offrant au ciel, la bouche entrouverte comme pour implorer miséricorde. Par bonheur, Marco n'était pas pétrifié. Il blessa au bras le sergent survivant qui s'enfuit en hurlant.

« Vite ! Pierre, Marco ! Aidez-moi ! » appela Minc.

Les trois compagnons unirent leurs efforts pour soutenir Hugues de Valperthuis.

« Par la gauche », indiqua Marco.

Ainsi aidèrent-ils le chevalier à marcher. Mais quelques rues plus loin, les jambes du blessé cédèrent.

« Mes amis, cessez là et courez à votre propre sauvegarde. Mon heure est venue. »

Pierre protesta :

« Non point, mon oncle, il faut vivre ! Je vous en conjure, marchez, marchez encore. Nous trouverons bientôt un endroit sûr...

— Je... je n'ai plus de forces. »

Le garçon sentit une immense douleur lui déchirer le cœur, car il devint évident que le chevalier était à l'agonie.

« Adossons-le à cette porte », ordonna Mine.

Pierre s'agenouilla près du mourant. Dans sa courte vie, il avait connu quelques malheurs et perdu plusieurs êtres chers, mais jamais il n'avait éprouvé si violente détresse. Car avec son oncle, ce n'était pas seulement un parent aimé et vénéré qu'il perdait, c'était une partie de lui-même.

Le templier contempla le garçon quelques secondes, puis, le souffle court, il poursuivit :

« Approche, mon neveu. Entends bien mes dernières paroles. Tu sais comme je compte sur toi et ce que j'ai promis à ton père sous les murs de Jérusalem ? L'Ordre ne doit pas disparaître. Rends-toi à l'abbaye de Valdieu, fais comme je t'ai indiqué... »

La souffrance fit trembler ses lèvres. Pierre intervint :

« Mon oncle, sans vous ni Gordji, je ne puis accomplir si périlleuse mission... »

Le templier, les yeux clos, l'interrompit en levant

une main rouge de son propre sang. Puis il déclara d'une voix déclinante :

« Je sais, Pierre. Mais Dieu l'a voulu ainsi. Il te faudra devenir un homme avant d'avoir fini d'être un enfant. Prends ma bourse, elle pourvoira à tes besoins pour ton retour en Auvergne. N'oublie pas... le frère François... »

Alors, le regard du chevalier changea d'expression. On eût dit que devant lui venaient de s'ouvrir les portes célestes. Il sourit et murmura :

« Un ange, déjà ? Comment te nommes-tu ? »

Mine, qui se tenait près de Pierre, hésita à répondre, ne sachant si le malheureux délirait ou s'il s'adressait vraiment à elle. Ce fut Pierre qui répondit :

« Elle se nomme Mine, mon oncle. Je lui dois la vie.

— Mine... Protège mon neveu... Protège-le des suppôts de Satan qui tenteront de lui nuire. Puis-je compter sur toi ?

— Oui, messire, je vous le promets. »

Le chevalier leva les yeux comme pour voir le ciel une dernière fois, alors que ceux-ci ne pouvaient rencontrer que l'encorbellement des maisons. Son esprit voyageait déjà par de lumineuses et mystérieuses contrées. Il regarda Mine à nouveau, fixement, puis ses traits se figèrent dans un étrange sourire.

« Mon oncle, pouvez-vous vous lever à présent ? » demanda Pierre.

Mine tendit une main vers le templier et lui ferma doucement les paupières. Pierre fondit en larmes.

« Le voici en route pour le paradis, dit brusquement Marco. Mais nous, nous sommes encore en enfer. Hardi, compagnons ! Bougeons. »

Il s'empara de la bourse du chevalier.

« Eh là ! que fais-tu ? s'exclama Pierre en lui saisissant le poignet.

— J'accomplis l'ordre de ton oncle, petit maître, expliqua le garçon en plantant ses prunelles noires dans celles du jeune templier.

— Il fait bien, Pierre. Partons », ordonna Mine.

Ils touchèrent une ultime fois le corps du chevalier, se signèrent, puis s'éloignèrent en courant.

8

L'inévitable séparation

En arrivant à la porte Saint-Antoine, les fugitifs eurent la mauvaise surprise de constater que la garde avait été doublée. Les gardiens des portes étaient assistés d'archers royaux, nerveux et suspicieux, qui fouillaient les charrois comme les piétons avec une minutie peu coutumière.

« Voilà qui sent le cochon roussi, fit Marco en plissant le nez. On chasse quelque dangereux fuyard.

— Des templiers..., souffla Pierre qui contenait avec peine sa colère.

— Au moins un de leurs fils, cela ne fait guère de doute, opina Mine. Que suggères-tu, Marco ?

— Un bon plan. Mais il mûrira plus aisément le

ventre plein. Allons à deux pas dans une plaisante taverne de ma connaissance. On y boit et mange sans s'occuper de la face du client.

— Un coupe-gorge ? s'enquit Mine avec inquiétude.

— Préférerais-tu l'hostellerie du Louvre ? répliqua Marco.

— De toute façon, princesse, tu ne nous suivras pas en ces lieux malsains, dit Pierre. Tes parents doivent se faire du souci et...

— Tu ne te débarrasseras pas de moi comme ça ! protesta la jeune boulangère. Je vais faire porter un message à ma mère. Elle saura que je vais bien et ne tarderai pas à rentrer.

— Comme tu voudras. Nous te suivons, Marco. »

La *plaisante* taverne de leur compagnon était sûrement la plus sordide et la plus mal famée de la capitale. C'était une sorte de cave sombre et puante où s'entassaient sans ordre bancs, tables, tabourets... À cette heure, seuls deux ivrognes fréquentaient les lieux. Mine plissa le nez en entrant. Elle grimaça en considérant la saleté du siège sur lequel Marco l'invitait à s'asseoir.

« Tu n'avais rien de mieux à nous proposer ? reprocha Pierre en tournant un regard méfiant vers le tavernier qui approchait.

— Salut, les loupiots ! Ce sera quoi pour vot'bon plaisir ?

— On crève la faim ! répondit Marco. Sers-nous de quoi ressusciter. »

Après s'être restaurés d'un douteux brouet de fèves, de quelques oignons et d'une oublie rassie, le tout arrosé d'une chope de mauvaise cervoise, Mine et Pierre interrogèrent leur compagnon qui mit un moment avant de déclarer :

« J'ai un plan. Mais...

— Mais quoi ? le pressa Mine.

— Il sera coûteux...

— Aucune importance ! dit Pierre.

— Et risqué.

— Pourquoi risqué ? s'inquiéta Mine.

— Passer un contrôle quand on fouille jusque sous les jupes des dames n'est point chose aisée.

— Sans doute. Comment comptes-tu me faire passer ? demanda Pierre.

— NOUS faire passer », rectifia Mine.

Les garçons la dévisagèrent, puis se regardèrent.

« *Nous* qui ? voulut savoir Pierre.

— Nous trois, voyons !

— Certes non, ma belle, toute princesse que tu seras plus tard ! se rebiffa Pierre.

— Certes oui, si tel en est mon bon vouloir !

— Non, te dis-je !

— Oui, te dis-je !

— Non !

— Oui ! »

Et ils se prirent de bec sans que cela fît seulement lever le nez des ivrognes, tant ici on était habitué aux cris et aux querelles.

« Il suffit ! s'écria Marco en tapant du poing sur la table. Une fille n'a pas à guerroyer ! N'en discutons plus.

— J'ai promis de protéger ce damoiseau, je ne me désavouerai point », lâcha Mine entre ses dents.

Puis elle reprit, avec un calme précaire :

« Expose ton plan, Marco.

— Eh bien, voilà... Nous ne sommes pas venus ici par hasard, vous vous en doutez. Ce tavernier est un amoureux de la monnaie. Pour de l'or, il vendrait sa propre tête. Lui nous fera passer.

— Comment ? demanda Mine, méfiante.

— Un tavernier, ça a besoin de vinasse. Il lui en manquera justement quelques tonneaux, qu'il ira quérir hors les murs avant none. Et un tavernier à deux pas d'une porte, ça connaît huissiers et gardes comme cochons entre eux... Ai-je besoin d'en dire plus ? »

Mine se retourna pour considérer l'homme attablé, en train de jouer seul aux dés, la tête appuyée sur le poing : rond comme une outre, quelques cheveux gras plaqués sur le crâne, des yeux porcins qui semblaient à l'image de son âme, un abîme de fourberie...

« Je n'ai pas confiance en ce margoulin, dit Mine.

– J'en fais mon affaire. Il nous mènera par-delà les murs ou je lui couperai les oreilles », déclara Marco en se levant.

En moins d'un quart d'heure l'affaire fut négociée. Le gros homme conduisit les trois amis à l'arrière de son établissement, dans une impasse.

« Je vais chercher la carriole et deux tonneaux...

— Trois ! » s'exclama Mine.

Le tavernier, surpris, regarda Marco qui confirma :

« C'est bien deux qu'il nous faut.

— J'ai dit trois, maître tavernier, insista la fillette.

— Faudra vous décider, les jeunots, grommela l'homme. Mais trois au lieu de deux, ça sera pas le même prix. »

Une expression de soulagement passa sur le visage de Pierre. Il se retourna vers la fillette pour demander :

« As-tu de quoi payer, Mine ?

— Oh, toi... », lâcha-t-elle, folle de rage.

Ainsi la petite boulangère dut-elle céder. Elle resterait à Paris tandis que le jeune templier irait à d'autres aventures...

« Je ne puis croire que nos chemins doivent déjà se séparer, murmura-t-elle tristement.

— Je reviendrai, tu le sais, lui dit doucement Pierre.

— Je dois te protéger ; je m'y suis engagée auprès de ton oncle.

— Tu le feras par la prière. »

Tandis qu'ils parlaient à voix basse, s'échangeant des promesses et des paroles de réconfort, Marco s'inquiétait :

« Il est bien long, ce pourceau, à ramener sa charrette. »

Serrant nerveusement le pommeau de l'épée prise sur un soldat devant le *Coq rouge*, il ajouta :

« S'il nous trahit, je jure de le vider comme un rat.

— Le voici ! » l'interrompit Pierre.

Le tavernier apparut avec une charrette branlante, tirée par un grison accablé. Il ne se perdit pas en recommandations.

« Embarquez, mes seigneurs, et l'octroi d'abord ! »

À regret, Pierre tendit à l'homme un écu d'or – une somme considérable. Il embrassa Mine puis grimpa dans l'un des deux gros tonneaux debout dans la charrette.

« Adieu, princesse. Prie fort pour nous et tous les jours.

— Adieu, la boulangère, salua à son tour Marco. Débrouille-toi pour rester toujours aussi mignonne, car, si ce morveux ne revient pas, moi, je reviendrai ! »

Il rit en s'enfermant dans son tonneau. Mine, la gorge nouée, ne put leur rendre leur adieu.

« Hue ! » cria le tavernier.

9

Évasion mouvementée

La fillette suivit à distance la charrette jusqu'à la porte Saint-Antoine. Les remparts de Paris étaient imposants. Une foule dense et bruyante allait et venait devant la haute ouverture. Mine se posta derrière un char à foin pour assister au plus près à l'évasion. Elle vit le gros tavernier descendre de son véhicule pour saluer les gardes. Il désigna les deux tonneaux. Elle sentit son cœur se serrer. Des hommes d'armes apparurent, sortant de la tour fortifiée, qui cernèrent le chariot.

« Mon Dieu, le traître ! Il les vend ! »

Le tavernier se passa la langue sur les lèvres en recevant une bourse des mains d'un officier. Puis ce dernier tira son épée et s'en servit pour cogner sur l'un des tonneaux en criant :

« Allez, gibier de potence, sortez de là ! »

Rien ne se produisit durant plusieurs secondes. L'officier insista en précisant que le voyage s'arrêtait là et leur vie avec s'ils ne se montraient pas sur-le-champ. Mine regarda autour d'elle, avisa le fourneau en plein air d'un marchand d'oublies. Elle arracha une poignée de foin qu'elle alla enflammer sur les braises. Avec sa torche improvisée, elle mit le feu à la montagne d'herbe sèche. Pierre et Marco surgirent en même temps de leur cachette, l'arme au poing. Ils semblaient l'un et l'autre décidés à mourir plutôt que de se laisser arrêter et finir de toute façon pendus ou pire : suppliciés sur la roue.

« Au feu ! Au feu ! » hurla la petite boulangère en courant vers l'attroupement de soldats qui s'apprêtait à assaillir la charrette.

Une vague d'épouvante balaya la rue. Chacun savait qu'il n'était pas plus redoutable calamité que le feu, après la peste toutefois. Les bourgeois du voisinage voyaient déjà ruinée toute une existence de labeur ; d'autres, vivant dans un quartier pourtant éloigné, tremblaient. Ils savaient qu'un simple feu de cheminée pouvait embraser une ville entière. Aussi, le premier réflexe des gardes fut-il de se porter sur-le-champ à la rescousse de ceux qui tiraient le tas de flammes loin des murs de torchis des maisons. Mais leur officier les rappela vertement :

« Holà, soldats ! Revenez ! Enchaînez d'abord ces deux-là, vous irez au feu ensuite ! »

Pierre aperçut Mine bousculée par la populace affolée et craignit pour sa vie. Marco, de son côté, était beaucoup plus aguerri à saisir les chances que lui tendait le destin. Il bondit hors de son tonneau, puis sur le banc de la charrette où il s'empara des rênes. Le grison avait piteuse allure. Marco fut contraint d'employer la manière forte ; il lui piqua la croupe de son épée. La bête poussa un braiment et partit avec une vigueur stupéfiante. La carriole roula, s'immobilisa presque sous la porte où divers charretiers et marchands engorgeaient le passage. Pierre en profita pour rejoindre son ami sur le banc. Les gardes royaux, n'ayant pas prévu une telle évasion, ne disposaient pas de montures sellées à portée de main. Pour comble de leur malchance, un attelage de billes de bois se renversa à hauteur de la guérite de l'octroi, condamnant la sortie.

L'âne rendit l'âme à une lieue de Paris. Le cœur de la pauvre bête n'avait pu résister à tant d'efforts, et ce fut sans doute pour elle une délivrance.

« Ne tardons pas, recommanda Marco en sautant à bas de la charrette. Nous achèterons de bonnes montures au prochain village.

— Tu nous as sauvé la vie, Marco. Comment pourrais-je te remercier assez ?

— Sois plutôt reconnaissant à ta boulangère, c'est elle qui nous a sauvés. »

Pierre eut un violent accès de chagrin en repensant à son oncle et à Gordji.

« Comme la providence nous aménage d'étranges méandres, dit-il songeur. Voici que cette aventure me fait perdre mon oncle et Gordji, qui étaient ma dernière famille, et qu'elle m'en attribue une autre : toi et Mine. Quel sort Dieu me réserve-t-Il encore ?

— Pour moi, ce sera un sort de cochon, car je suis né pouilleux. Mais pour toi, je vois un brillant avenir de chevalier... Bon, si mon maître veut bien se donner la peine, nous avons une armée à fuir. »

Pierre sourit et le rejoignit. C'est alors qu'un éclat de voix dans son dos le fit tressaillir :

« Eh quoi ! On me laissera descendre sans me prêter la main ! »

Pierre fit volte-face.

« Mine ! Par tous les saints du paradis ! Mine, es-tu folle ? Et tes parents, et ta boulangerie, et tes bourgeoises de clientes ?

— Je les retrouverai, sois-en sûr. Et je compte bien leur envoyer régulièrement un messager.

— Décidément, t'as pas fini de m'étonner, toi ! s'exclama Marco. Par quelle malice te retrouves-tu là ?

— J'ai sauté sur le chariot alors qu'il peinait à passer la porte et me suis jetée tête en avant dans un tonneau, fort puant au demeurant. Je n'ai point voulu en sortir tant étaient instructifs vos propos... sur mon compte en particulier. »

Pierre et Marco éclatèrent de rire. Ils vinrent chacun lui prendre un bras, puis ils s'éloignèrent sur le chemin du Sud.

10

Marco s'ennuie

Au premier village, ils acquirent une charrette couverte et deux solides chevaux pour la tirer. Mais on se montra méfiant devant ces enfants en vadrouille, qui sortaient les écus de leur gousset comme les poules des œufs de leur croupion. Aussi, quand on sut ce qu'il s'était passé à la porte Saint-Antoine, à quelques lieues du village, on eut vite fait le rapprochement. On prévint la prévôté, qui prévint la garde royale, qui aussitôt envoya une escouade de soldats pour prendre les fuyards en chasse.

Quatre jours passèrent. Le jeune templier et ses amis étaient à moitié de leur destination. Ils arrivèrent en vue des remparts d'une ville un peu avant none. Le ciel s'éclaircissait enfin après une nuit et une matinée de pluie froide et fine.

« Allons-nous faire étape dans cette cité ? » demanda Mine, qui s'était aménagé une confortable banquette dans le chariot.

Elle semblait fatiguée, mais ses yeux gardaient une vivacité extrême.

« Que non, nous avons déjà bien assez tardé à nous embourber sur ces chemins de malheur », répondit Pierre assis à l'avant.

À son côté, Marco, maussade, ne disait rien. D'ailleurs, il n'avait pas ouvert la bouche depuis des heures. Il semblait commencer de regretter son quartier de la Cité et ses compagnons de rapine. Mine l'interrogea :

« Et toi, Marco, qu'en penses-tu ?

— J'en pense que je m'en fiche. Cette bourgade ou une autre, c'est de toute façon le cul du monde.

— Eh bien, soupira Pierre, qu'est-ce que ce sera quand tu verras la campagne auvergnate ? Là où nous nous rendons, le plus gros bourg ne doit pas dépasser les cinq cents âmes.

— *Cinq cents âmes !* fit en écho le garçon. Ça ne fait pas plus de trois bourses à couper qui vaillent le geste. Peste !

— Qu'ois-je ? s'exclama la fillette. Ça, mon ami, tu devras renoncer au péché tant que tu seras avec nous !

Servir un templier, fût-il encore en herbe tendre, a ses exigences et tu devras t'y soumettre.

— J'ai jamais entendu dire que délester le bourgeois de quelques écus fût un péché, protesta Marco. Et même, ma religion à moi dit clairement : "Tu voleras le bourgeois comme lui-même te vole et point ne le regretteras..."

— Il suffit, Marco ! Même pour rire voilà un discours fort irritant, intervint brutalement Pierre.

— Crois-tu que je rie ? Sache que je crève d'ennui depuis quatre jours ! Et quand ta princesse de la boulange prétend me faire renoncer au plaisir de la détrousse, alors là... ! Peste deux fois !

— Tu peux retourner d'où tu viens, Marco, nous ne te retenons d'aucune façon », lui fit remarquer Mine.

Pierre, qui s'était attaché à son turbulent camarade, tenta d'atténuer la discorde :

« Las, mes amis, qu'avons-nous besoin de nous quereller ? Écoutez, nous irons dans cette ville et nous y resterons deux jours entiers. J'ai dans ma bourse encore assez de monnaie pour vivre comme des princes ; nous y ferons bonne chère et y achèterons des tenues de belle étoffe... Mine, j'ai hâte de te voir ressembler à une princesse », conclut-il en forçant un ton enjoué.

Il se retourna vers la fillette pour solliciter un sourire qu'elle lui donna bien volontiers, mais bien tristement. À ses multiples inquiétudes depuis le début de leur escapade venaient de s'ajouter les humeurs de Marco, dont elle se serait bien passée.

Les voyageurs trouvèrent sans difficulté une hostellerie confortable. À dire vrai l'hôtelier avait été intrigué par si jeune équipe, mais l'éclat des écus avait balayé ses interrogations comme le vent la poussière.

« Allons baguenauder, proposa joyeusement Pierre dès qu'ils furent installés.

— Sans moi, bougonna Marco. Je reste dormir ici.

— Comme tu voudras, acquiesça aussitôt Mine de plus en plus irritée par l'attitude déplaisante du garçon.

— Mais non, Marco, je tiens à ce que tu nous accompagnes et nous protèges... des voleurs », insista Pierre en lui adressant un clin d'œil.

Cela tira un bref sourire au garçon qui consentit mollement à les suivre.

La rue principale du bourg était aussi animée qu'une rue parisienne. Certes, les échoppes ne regorgeaient pas d'autant de merveilles, mais on y pouvait acheter le plus bel artisanat. Mine céda à l'insistance de Pierre qui voulait lui offrir un châle de laine pourpre. Elle retrouva sa bonne humeur et se laissa, la minute suivante, tenter par des oublies dorées si appétissantes que même saint François n'aurait pu y résister. Marco avait également retrouvé le moral. Il lorgnait les messieurs et les dames, s'étonnant que les gens de province fussent finalement assez peu différents de ceux qu'il avait toujours connus… et détroussés. Il marchait à la traîne de ses amis, l'air détendu.

Soudain, Mine le vit glisser la main sous la bourse d'un flâneur richement vêtu. D'un geste expert, il coupa à l'aide d'un minuscule canif la lanière de cuir qui la retenait à la ceinture du bonhomme. La fillette se précipita, arracha l'objet du délit des mains de Marco. Elle se baissa comme pour le ramasser et s'exclama en se relevant :

« Ho, monsieur, votre bourse ! Je l'ai vue choir à l'instant.

— Hein ? Qu'est-ce ? fit le bourgeois en tournant le cou comme un dindon croisant une autruche.

— Portez sur l'heure un cierge à l'église, dit encore Mine et faites un vœu à votre saint patron car la chance est votre compagne en ce jour. »

L'homme remercia chaleureusement la fillette, qui eut la délicatesse de refuser la piécette qu'il lui tendait en remerciement. Marco crut en tomber sur le fondement.

« Folasse ! Qu'as-tu fait ? Cette aumônière était pleine », la blâma-t-il lorsqu'ils se furent éloignés.

Pierre s'enquit de l'incident.

« Il se passe, mon ami, répondit Mine, que votre coquin de valet détrousse les passants.

— Est-ce vrai, Marco ?

— Eh quoi ? Êtes-vous juges ? s'emporta le garçon. Devrais-je me faire moine pour servir un templier ! Vous l'êtes pour les autres et cela suffit à racheter le monde.

— Les templiers ne sont point moines, rectifia Pierre. Ceux qui portent la croix rouge et le manteau blanc ont certes prononcé des vœux de religion, comme mon oncle, et doivent rester célibataires. Mais d'autres – et ce fut le cas de mon défunt père – tout templiers qu'ils soient, peuvent se marier. Ceux-là portent le manteau noir. C'est d'ailleurs dans cette catégorie que je compte devenir chevalier », précisa l'adolescent en tournant un bref regard vers Mine qui éprouva un petit pincement d'émotion.

Marco éclata de rire.

« Non, vraiment, cette vie n'est pas faite pour moi ! Adieu et bon vent ! »

Il planta ses compagnons de route et se perdit rapidement dans la foule. Pierre reçut cet abandon comme un coup de poing au ventre ; Mine comme une aubaine.

11

Marco s'enfuit

Mine déchanta quelques heures plus tard. De retour à l'auberge, ils découvrirent Marco étendu sur le grand lit à baldaquin de leur chambre. Les mains sous la tête, il sifflotait tranquillement.

« Ah, vous voici, je commençais à m'inquiéter ! s'exclama-t-il en se levant – puis il joua les joyeux farceurs. Voyons, vous ne pensiez pas vous débarrasser de moi si promptement ! »

Pierre sourit et le serra dans ses bras, Mine se renfrogna.

« Il faudra apprendre à me connaître, damoiselle. Je suis imprévisible, certes, et pour cela ne dois point être hâtivement jugé. Pour te rassurer, sache que je n'ai volé aucune bourse. Ce qui explique d'ailleurs que j'ai grand faim. »

Mine soupira, se disant qu'avec un peu de temps, de patience et beaucoup de vigilance elle finirait peut-être par en faire un bon chrétien. Ils dînèrent comme des princes et chantèrent tout leur souffle avec des troubadours de passage. Une nouvelle colportée par un marchand qui logeait à l'auberge assombrit un temps l'humeur des fugitifs : il disait avoir été doublé sur la grand-route par une troupe de soldats royaux. Mais il ajouta qu'ils avaient l'air si pressé qu'ils ne s'étaient sûrement pas arrêtés en ville.

Mine et Pierre n'avaient aucune habitude de l'alcool. Ils s'étaient résignés à boire un gobelet de vin, pour céder à l'insistance de Marco. Aussi tombèrent-ils sur le lit comme des sarrasins terrassés par des templiers... Leur sommeil fut lourd et peu réparateur. La fillette ouvrit les yeux la première. Elle bâilla longuement et constata que le jour devait être fort avancé, tant était lumineux le parchemin huilé des fenêtres de la chambre.

Elle réveilla doucement Pierre. C'est alors qu'elle s'aperçut de l'absence de Marco.

« Il n'est point loin, j'en suis sûr, tenta de la rassurer Pierre.

— Espérons qu'il... Oh, mon Dieu ! Pierre !

— Quoi ? »

Le garçon n'eut pas besoin d'explication pour comprendre. Il se leva, se précipita vers le banc sur lequel il avait la veille posé sa ceinture, son poignard maure et la bourse de son oncle… Seule restait la ceinture.

« Le gredin, le chien ! proféra-t-il en tapant du talon. Je l'égorgerai comme un pourceau qu'il est. Que le Diable l'emporte ! Mais que Dieu me rende avant mon bien !

— Je savais depuis le début qu'il ne fallait pas lui faire confiance, pesta Mine.

— Comment allons-nous payer l'aubergiste ? s'inquiéta soudain Pierre. Seigneur Dieu, comment allons-nous sortir de cette embrouille ?

— Nous lui donnerons la charrette et garderons les chevaux, cela devrait suffire… »

« Mais si, vous dis-je, à l'aube, avec carriole et chevaux ! Et j'en fus bien surpris car je vous croyais ensemble », affirma l'aubergiste.

Mine et Pierre affichèrent un tel désarroi qu'il s'inquiéta :

« Vous aurait-on volés ?

— Pire que cela, maître aubergiste : trahis, répondit Pierre tristement.

— Ah, certes, nous vivons des temps où pullulent les mauvaises âmes et notre Seigneur Jésus doit s'en tordre de chagrin. Voyez les templiers et ce qu'on en dit…

— Et qu'en dit-on ? réagit vivement Pierre.

— Des histoires affreuses... blasphèmes, commerce avec le Diable et même... méfaits de chair.

— Il suffit, monsieur ! s'emporta le garçon. Les templiers n'ont jamais commis pareilles vilenies ! »

L'aubergiste parut interloqué.

« Vous savez, moi, je ne fais que rapporter les propos des voyageurs, s'excusa-t-il, gêné d'avoir suscité un tel courroux.

— Mensonges et calomnies, vous dis-je ! Faites donc aussi savoir qu'on veut tuer le Saint-Ordre non point pour ses fautes, mais pour sa grandeur et son dévouement à la juste cause.

— Pierre, tout cela n'intéresse pas notre hôte, intervint Mine en serrant avec force le bras de son ami. Avouons-lui plutôt la gêne d'argent où nous sommes pour lui régler notre dû.

— *Gêne*, dites-vous : quelle gêne ? s'étonna l'homme. Votre ami a réglé toutes dépenses passées et celles à venir du jour d'hui. Je m'en vais d'ailleurs vous faire servir votre petit déjeuner. Je vais aussi m'enquérir d'une solution pour la poursuite de votre voyage. Surtout ne bougez point d'ici. »

Mine fit la leçon à son écervelé de compagnon.

« Te rends-tu compte, jeune étourdi, ce que tu as donné à penser à cet homme ? Plaise à Dieu qu'il n'ait point d'autre souci que de servir le client et d'empocher ses écus ! Il te faudra apprendre à tenir ta langue, mon ami, si tu veux avoir le temps de devenir un preux chevalier templier et non pas finir dans une oubliette du Louvre. »

Penaud, Pierre ne chercha pas à se trouver d'excuse. Le découragement s'empara de lui et il eut envie de pleurer... Soudain, la porte de l'auberge s'ouvrit violemment. Un groupe de soldats armés jusqu'aux dents apparut. L'aubergiste les accompagnait ainsi qu'un individu en habit de velours – sans doute le prévôt de la ville. Désignant de l'épée les enfants, le capitaine de l'escouade s'écria :

« Emparez-vous d'eux !

— Leur met-on les chaînes ? s'enquit un soldat.

— Inutile, leur sort va se régler sur place.

— Eh là ! Pas dans mon établissement ! Même pour le roi ! s'insurgea l'aubergiste.

— Sur la place », consentit l'officier.

Pétrifiés de peur, les enfants se laissèrent saisir et entraîner dans la rue. Pierre tenta de protester et de se débattre, mais il reçut un vilain coup sur le crâne.

« Brute ! s'exclama Mine. Vous en rendrez compte au tribunal de Dieu !

— Tu y passeras avant moi. Et ton complice en premier et sur-le-champ ! cria l'officier.

— Pardonnez, messire capitaine, intervint le prévôt, mais ces pauvres âmes n'ont-elles point droit au secours d'un prêtre ?

— Un prêtre, pour cette vermine ? Votre compassion vous honore, messire prévôt, mais elle est en la circonstance fort mal placée.

— Tout de même, ne craignez-vous point le jugement divin ? Un chrétien, même grand pécheur condamné par le tribunal des hommes, doit être confessé et pardonné avant son exé... je veux dire : avant de recevoir son châtiment. »

L'officier fronça les sourcils. Il émit un vague grognement, puis décida :

« Bon, qu'on aille chercher le prêtre de ce bourg ; qu'il les confesse, les bénisse et qu'on en finisse. J'ai dit ! »

Lorsque le prêtre se présenta, en courant, la soutane au vent, une foule importante faisait cercle pour assister à l'événement. Il trouva les enfants à genoux dans la boue, en pleurs, encadrés de soldats au visage impassible. Il les entendit en confession, puis se tourna vers le capitaine pour demander leur grâce, qui lui fut sèchement refusée.

« Écartez-vous, mon père. C'est maintenant à moi et à ma manière de bénir ces pécheurs. »

Il fut le seul à sourire de son trait d'humour. Il balaya la foule d'un regard circulaire. Elle commençait à prendre parti pour les jeunes condamnés. Il était temps qu'il achevât sa mission.

« Amène le garçon ! » ordonna-t-il à l'un de ses soldats.

Pierre avait décidé de mourir la tête haute.

« Adieu, Mine, dit-il. Retrouvons-nous au Ciel et, s'il plaît à Dieu, nous resterons ensemble pour l'éternité.

— Adieu, mon chevalier, répondit Mine, les yeux emplis de larmes. Je... »

Un sanglot étouffa sa voix. Elle cacha son visage dans ses mains. Le capitaine leva son épée, calcula son geste pour décapiter l'enfant. Pierre fermait les paupières, priait... pour Mine.

Alors un cri retentit :

« LE DIABLE ! LE DIABLE ! *Satanas* accourt sur son destrier de ténèbres ! »

12

Le cavalier noir

Le capitaine se retourna. Un frisson d'effroi parcourut la foule et les soldats. Les cris se multiplièrent et l'on entendit : « Par Dieu, qui est-ce ? Sauve qui peut ! La *bête* va nous dévorer, fuyons ! »

Alors seulement, l'officier comprit. Un cavalier gigantesque, portant un heaume et un plastron de métal mat, monté sur un étalon noir et faisant tournoyer une longue épée au-dessus de sa tête, chargeait au milieu de la rue. Le capitaine et son escouade se demandèrent un instant à quel démon ils avaient affaire et s'il valait mieux fuir ou combattre. Un soldat voulut intercepter le chevalier... son épée vola au-dessus de la foule qui se dispersait en grand désordre. Du poitrail, le cheval noir bouscula le capitaine qui fut projeté à terre.

« Gordji ! s'écria Pierre qui avait reconnu sans le moindre doute la silhouette puissante de son protecteur.

— Vite, petit maître, dans mes bras et toi, mignonne, tends ta main ! »

Le géant saisit Pierre fermement et le fit littéralement voler derrière lui sur le cheval. Il fit de même avec Mine qu'il plaça entre ses bras. Un soldat attaqua, reçut un coup de botte dans la mâchoire.

Gordji fit faire demi-tour à son coursier et le lança au grand galop.

« Aux chevaux, cria le capitaine. Ce diable-là ne m'échappera pas ! »

Après quelques lieues de course folle, Gordji décida une courte pause à l'abri d'un sous-bois. Aussitôt Pierre, en larmes, l'embrassa et le remercia. Il lui présenta Mine :

« Voici Mine. Sois très respectueux car il s'agit d'une princesse, même si les apparences la montrent boulangère...

— Oh, princesse, mes hommages ! » fit Gordji en s'inclinant comme devant la reine en personne.

Mine rougit et haussa les épaules en regardant Pierre.

« Voyons, Pierre, point trop n'en faut. Ce chevalier ne doit pas se tromper sur ma véritable condition.

— Plus qu'une princesse, poursuivit Pierre, je lui dois plusieurs fois la vie.

— Rien que pour cela, princesse Mine, la mienne vous appartient, déclara Gordji en s'inclinant à nouveau.

— Comment t'en es-tu sorti, Gordji ? Raconte, vite ! »

L'homme éclata de son rire puissant, puis expliqua :

« C'est assez simple. J'ai commencé par distribuer les coups. Puis, au vu du nombre croissant de mes assaillants, j'ai dû battre en retraite. Mon salut vint de ce que, fuyant au hasard des rues, je rencontrai la Seine. J'ai plongé et disparu dans ses eaux noires, de sorte qu'on me crut noyé. En fait, je m'étais accroché à une barge descendant le courant. C'est bien là mon seul exploit. Ensuite, j'ai appris avec grande douleur ce qu'il était arrivé au *Coq rouge*. Tu sais, la mort de mon maître faillit me faire perdre la tête. D'une certaine façon, c'est toi qui m'as sauvé, mon Pierre. Car j'ai su ce qui s'était passé à la porte Saint-Antoine et je suis revenu à la raison. Il me fut facile de filer le train aux hommes du roi. Ils réussirent cependant à me distancer. C'est alors qu'allant m'engager sur une mauvaise voie, je croisai un godelureau sur son chariot. Et voici ce qu'à sa ceinture j'aperçus... »

Gordji marqua une pause dans son récit. Mine et

Pierre échangèrent un regard. Se tournant vers son cheval, le géant sortit de son bagage...

« Ceci !

— Mon poignard maure ! s'écria Pierre dont le visage blêmit de colère.

— Ainsi, messire Gordji, vous avez croisé ce maraud de Marco ?

— C'est bien le nom qu'il me donna.

— L'as-tu égorgé ? interrogea Pierre.

— Certes non...

— Au moins lui as-tu coupé les oreilles ?

— Non point, répondit Gordji qui semblait s'amuser de l'emportement de son jeune maître.

— Alors, je le ferai moi-même, grommela Pierre en serrant les poings.

— Je n'ai pas eu à le bousculer beaucoup pour qu'il me crache d'où lui venait ce poignard.

— Il me l'a volé ! Te l'a-t-il dit ? interrogea Pierre.

— En effet, et alors que j'enrageai contre lui et allai l'assassiner à main nue, il fondit en larmes comme un enfançon...

— Un enfançon, répéta Mine, parlez plutôt d'un cabotin.

— Un très bon alors, car il me fit l'effet de la sincérité. Il vous demande pardon et promet de se racheter, dans ce monde ou dans l'autre. »

Il se fit un silence, puis Pierre dit avec un mouvement de main :

« N'en parlons plus, je l'ai effacé de ma mémoire. Repartons, Valdieu ne doit plus être loin...

— J'y songe, intervint brusquement Mine : Marco connaissait notre destination. Ne crains-tu point qu'il nous trahisse ? Pour une écuelle de fèves, il en serait capable.

— Tu as raison, ma Mine, mais qu'y pouvons-nous ? répondit Pierre tristement.

— De toute façon, la troupe est à nos trousses et nous ne séjournerons guère à l'abbaye, dit Gordji. Partons maintenant et nous ne devrions pas avoir à l'affronter de nouveau. »

13

La mauvaise surprise de frère François

Après une nuit et une matinée de chevauchée par monts et par vaux, ne s'arrêtant que pour laisser souffler la monture, le singulier équipage parvint en vue du village de Valdieu.

« Comment est-il, ce frère François ? voulut savoir Pierre.

— Je ne l'ai jamais rencontré, répondit Gordji. Lorsque ton oncle venait lui rendre visite – ce qui arrivait peu – je restais à l'extérieur, non qu'il se méfiât de moi, mais n'étant pas templier, je ne devais rien apprendre de leurs secrets.

— Savez-vous s'il est âgé ? demanda Mine.

— Il a porté Hugues de Valperthuis sur les fonts baptismaux.

— Oh, en effet... »

Devant la grande porte en arcade de l'abbaye s'étendait une place, au centre de laquelle se dressait un puits. Plusieurs femmes sortirent sur le pas de leur porte pour regarder passer le géant et ses jeunes passagers. Les visages étaient fermés, voire hostiles. Visiblement, en ces coins reculés du royaume de France, on craignait l'étranger et les malheurs qui pouvaient l'accompagner.

Gordji arrêta son cheval près du puits et le confia à un gamin, moins farouche que les autres, en lui recommandant d'en prendre grand soin car il appartenait à un chevalier. Puis il alla frapper à la porte de l'abbaye. Le bruit du marteau résonna sous le porche. Enfin, un frère vint ouvrir. En découvrant le colosse, il eut un mouvement de recul.

« Bonjour, mon père. Nous venons de loin pour parler à frère François, dit Gordji.

— Frère François ? répéta le moine, méfiant. Dans quel but, messire ?

— Un noble but, mon père, soyez-en assuré. Cela presse, car nous ne sommes que de passage et souhaitons avaler quelques lieues supplémentaires avant la nuit. »

Pierre regarda Gordji avec étonnement. Il ne l'avait jamais vu si affable, le dos légèrement courbé, les mains sur la poitrine dans l'humble position du pèlerin sollicitant l'hospitalité. Cela pourtant ne sembla guère attendrir le moine qui répondit :

« Malheureusement, vous ne pourrez voir frère François. Il est...

— Alors menez-nous au père abbé ! le coupa sèchement Gordji qui d'un coup retrouva sa stature et son autorité.

— Mais enfin, messire, je vous prie de surveiller votre ton, s'offusqua le moine.

— Allons-y, les enfants », dit Gordji en bousculant le religieux pour pénétrer dans l'abbaye.

Le frère portier fit aussitôt grand tapage en criant à l'invasion. On vit presque au même instant des moines armés de bâtons et de balais surgir dans la galerie du cloître.

« Fichtre ! Si je m'attendais ! » s'exclama Gordji.

Un grand moine, mains dans les manches, capuche sur la tête, s'avança et déclara :

« Veuillez pardonner l'attitude de mes frères. Elle se comprend si l'on sait qu'une bande de pillards écume notre comté, n'épargnant pas plus les monastères que les fermes. Nous nous tenons prêts à les recevoir, car le seigneur de Valdieu n'est point en son domaine pour constituer une milice et nous protéger. Vous vouliez voir frère François, ai-je cru entendre ?

— Effectivement, messire abbé, affirma Gordji. Pardonnez notre intrusion, mais l'affaire est pour nous, pour ce garçon surtout, d'une importance extrême.

— Approchez, mon enfant, que je vous voie mieux. »

Pierre s'avança jusqu'au père abbé qui fit glisser sa capuche en arrière. L'homme avait le visage grave et serein des méditants. Son œil sombre parut transpercer l'âme de l'adolescent.

« C'est bien ce qu'il me semblait, murmura-t-il. Suivez-moi, je vais vous mener à frère François. »

Un sourire de satisfaction passa sur le visage buriné et balafré de Gordji. Mine montrait une prudente réserve. Le religieux conduisit les visiteurs dans une chapelle qu'ils traversèrent, puis par une petite porte dans un modeste cimetière. L'expression de Gordji s'assombrit. L'abbé s'arrêta devant une tombe récente, se signa, puis annonça :

« Frère François repose ici. »

Stupeur et consternation ! Gordji garda le silence, Pierre blêmit et Mine entrevit en un instant la gravité de la nouvelle.

« Quand est-il mort ? s'enquit Pierre.

— Peu après la dernière visite de ton oncle qui m'avait parlé de toi », répondit l'abbé en fixant l'enfant qui avait tous les traits d'un Valperthuis.

Son regard bienveillant rassura le garçon.

« Frère François vous a-t-il laissé quelque chose pour moi ? demanda Pierre.

— Quelque chose ? répéta l'abbé. Qu'aurait-il pu me laisser ?

— Messire abbé, permettez-moi de fouiller la dépouille de frère François, sollicita Gordji. Je le ferai avec respect en récitant des prières.

— Certainement pas ! s'insurgea l'abbé. Comment pourrais-je autoriser une profanation ? Allons éclairer ce mystère dans mon bureau. »

14

L'énigmatique prière

Il les conduisit jusqu'à son logis.

« Reprenons, dit-il après s'être installé derrière son vaste bureau. Tu m'interrogeais, mon enfant, sur quelque bien que frère François aurait pu avoir à te léguer ? Ignores-tu qu'un moine ne possède rien ?

— Ce qu'il avait ne lui appartenait pas, précisa le garçon. Il s'agit d'une...

— Peu importe ce dont il s'agit, le coupa Gordji avant qu'il ne se trahisse. Vous a-t-il à sa mort remis quelque objet, oui ou non ?

— Il me confia des choses, en effet... sous le secret de la confession », dit l'abbé avec un reste de méfiance.

Mine sentit que le religieux jouait sur les mots. Elle suggéra :

« Pierre, montre à messire abbé ce que ton oncle t'a remis peu avant sa mort. Tu devais le présenter à frère François, m'as-tu dit, afin qu'il te fasse confiance. »

Le père fronça légèrement les sourcils, puis son regard s'alluma quand il découvrit le pendentif du garçon. Il parut se détendre.

« J'ai déjà vu ceci, dit-il en se levant. Peut-être ai-je reçu de notre frère un héritage à remettre à un templier qui porterait pareil insigne. Voyons, où l'ai-je mis ? »

Il ouvrit un secrétaire, puis sortit d'un tiroir secret un parchemin roulé et cacheté à la cire.

« Voici, mon fils, ce que votre oncle confia à frère François, avec consigne de ne le remettre qu'à la personne détentrice de l'insigne de l'ordre du Temple. J'ignore quel message recèle ce document. Mais si vous le souhaitez, je puis vous assister dans cette découverte. »

Ému, Pierre prit l'objet qu'il décacheta avec délicatesse. Mine sourit de voir le père abbé possédé par le démon de la curiosité. Son jeune compagnon déplia le parchemin. Ils découvrirent en haut du document une enluminure qui représentait le Christ bénissant. Sur sa poitrine était figurée la croix des templiers. Une formule latine était habilement tracée en dessous. Mine s'étonna immédiatement de l'importance de l'espace resté vierge, presque la moitié du parchemin.

« Que signifie cette phrase ? demanda-t-elle.

— Je puis te la traduire », s'empressa de proposer Pierre, fier de pouvoir montrer qu'il était instruit des choses de l'écriture.

Il se concentra et lut à voix haute :

« *Lux sola idonea est quae veritatem aperiat* : "Seule la lumière peut éclairer la vérité." »

L'abbé se caressa le menton.

« Sage adage qui sans doute recèle un sens caché, murmura-t-il. Savez-vous ce que représente ce document ?

— Certes, mon père, mais je ne puis le révéler, répondit Pierre.

— Il s'agit donc d'une chose secrète. En ce cas, elle doit nous être donnée comme la vérité… par la lumière.

— Avez-vous une idée ? questionna Mine.

— Frère François avait un goût certain pour les énigmes, sans doute en raison de ses amitiés parmi les chevaliers du Temple. Il connaissait un procédé permettant d'écrire sans qu'aucune trace marquât un parchemin. Mais l'invisible peut, sous une certaine exposition, devenir visible. Je vais vous montrer. »

L'abbé alluma une chandelle, puis présenta le parchemin à la flamme. Hélas ! hormis les veinures du papier, ils ne virent rien apparaître. L'abbé en parut contrarié.

« Voici qui me surprend fort... À moins que ce parchemin ne soit de mauvaise qualité. »

Un long moment, ils restèrent silencieux, s'interrogeant chacun de son côté, imaginant toutes sortes de solutions à cette énigme. Puis Gordji déclara :

« Hélas ! messire abbé, nous ne pouvons tarder plus. Tant pis pour ce secret, nos vies valent plus que lui. »

Pierre s'insurgea ; il tenait à ce qu'on continuât de réfléchir car selon lui :

« Il n'y a pas que la lumière pour éclairer la vérité ! On peut aussi se servir de sa cervelle. »

Mine, qui s'était égarée dans ses pensées, le regard posé sur la fenêtre à losanges du bureau, réagit soudain :

« Mais oui, Pierre, il ne faut pas que de la lumière ! ... Messire abbé, avez-vous de l'huile ? Nous pourrions en user comme pour rendre translucide le papier aux fenêtres de nos maisons.

— Jeune fille, le Seigneur vient de vous éclairer de Sa divine inspiration ! » s'exclama l'abbé enthousiaste.

Avec une vigueur de jeune homme, il partit quérir en cuisine ledit liquide.

Le parchemin une fois enduit, on l'exposa à la flamme de la bougie. Alors, sous les yeux ébahis des enfants et du géant, des lignes et des signes apparurent par transparence.

« Oh ! s'extasia Pierre, quelle merveille ! Ne dirait-on pas un plan d'église ? Et ce texte en dessous, une prière à notre Seigneur Jésus ?

— De quelle église peut-il bien s'agir ? s'interrogea Mine.

— Une chapelle templière : la chapelle Saint-Bernard, répondit l'abbé.

— Je la connais ! Mon oncle m'y emmena plusieurs fois prier pour nos ancêtres ! s'exclama Pierre. Nous y serons vite, car elle ne doit pas être à plus d'une lieue d'ici.

— Et la prière, que dit-elle ? » demanda Mine.

Pierre se concentra brièvement, puis traduisit :

« Christ, notre Sauveur, nous porterons ta croix.
De ton Église nous resterons un des piliers.
En quelque direction que notre visage se tourne,
Notre foi, toujours, regardera vers l'Orient. »

Il se redressa satisfait de lui. L'abbé se tourna vers son écritoire et recopia rapidement la prière. Mine le vit la relire plusieurs fois en remuant les lèvres, puis il y ajouta quelques annotations.

« Alors, messire abbé, pouvons-nous espérer déchiffrer ce texte ? s'impatienta Gordji qui s'inquiétait du temps qui passait et réduisait toujours plus leur avance sur les soldats du roi.

— Je ne suis pas sûr... Il faudrait se rendre sur place.

— Nous guiderez-vous, mon père ? demanda Pierre.

— Cela se peut, mais pas ce jour, mon fils. Vêpres approchent et je vais devoir rejoindre mes frères moines. Je vous ferai préparer des cellules pour votre repos.

— Grand merci, messire abbé, dit Gordji, mais avant ce soir nous aurons repris notre route. Il vous faut savoir qu'une soldatesque est à nos trousses et que j'ai en charge la vie de ces jeunots. »

D'un acquiescement de tête, l'abbé montra qu'il comprenait la situation. Il tendit à Pierre le morceau de parchemin sur lequel il venait d'écrire.

« Tenez, mon fils ; peut-être trouverez-vous la solution de votre énigme avec les indications que j'ai griffonnées là. »

Le garçon les lut, fit la moue. Le mystère ne lui sembla pas moins épais.

Après avoir pris congé du père abbé, Gordji et les enfants suivirent le frère portier jusqu'à la sortie. Sur la place les attendait une surprise...

15

La chapelle Saint-Bernard

« Marco ! » s'écria Pierre.

Il dégaina son poignard maure et se précipita sur la charrette. Il bondit sur le petit voleur parisien, d'une main le saisit au col et de l'autre lui plaqua la lame sur la gorge.

« Es-tu croyant, mon frère ?

— Hé, du calme, petit maître !

— Es-tu croyant, t'ai-je demandé ?

— Sûrement, comme tout le monde.

— Alors recommande ton âme à Dieu, car sous peu tu iras Lui rendre compte de tes trahisons et autres méfaits.

— Gordji, je vous en conjure, agissez ! » supplia Mine.

Mais le géant, bras croisés, observait la scène en souriant.

« Il va l'égorger, Gordji ! Devrai-je moi-même intervenir ? se fâcha-t-elle.

— Allons, fillette, ne vois-tu point qu'il s'agit d'une affaire d'hommes ? Laisse-les donc la régler dans les formes qui leur conviennent. »

Semblant avoir perdu tout contrôle de lui-même, Pierre accentua la pression de sa lame jusqu'à faire perler le sang au cou du jeune traître. Celui-ci, comprenant que la chose devenait sérieuse, se dégagea mais chuta de la carriole. Pierre ne lui laissa pas le temps de se relever. Il lui sauta dessus, poignard brandi et hurlant de rage. Marco le reçut d'un coup de poing dans la figure. Pierre en échappa son arme, mais ne renonça pas pour autant. Il entreprit d'étrangler son adversaire qui se défendit en implorant grâce. Enlacés, ils roulèrent dans la poussière, s'assaisonnant de coups et d'insultes. L'épuisement fut le seul vainqueur de la bataille. Gordji intervint enfin, pour relever par le col les deux belligérants.

« Alors, est-ce la paix ou dois-je moi-même rendre justice en vous assommant tous les deux ?

— Je ne souhaite pour ma part qu'être pardonné, assura Marco. Que puis-je faire de plus ? »

Pierre baissa les yeux, prenant conscience, déjà avec regret, de la violence de son emportement.

« J'avais certes raison de te rosser, déclara-t-il enfin, mais point aussi fort. Je t'accorde donc mon pardon et je te demande le tien. Cela suffira-t-il à nous réconcilier ? »

Marco lui tomba dans les bras et fit promesse de ne plus jamais décevoir ses amis. Mine et Gordji retrouvèrent le sourire.

Une demi-heure plus tard, Marco immobilisa la charrette au pied de la butte sur laquelle était édifiée la chapelle templière. C'était une lourde construction en pierre de lave noire, sobre de forme et modeste de dimension. Un étroit chemin menait à sa porte de bois grossièrement sculptée. Gordji descendit de son coursier en annonçant :

« Il faut faire vite, Pierre, j'ai grande inquiétude sur nos poursuivants.

— Nous ferons vite, assura le garçon. (Puis il ordonna :) Mine, tu viens avec nous. Toi, Marco, tu restes ici à guetter. Si tu repères une menace, siffle trois fois.

— Qu'allez-vous faire là-haut ? s'enquit le jeune Parisien.

— Prier pour le salut de ton âme », expliqua Pierre.

Tout en gravissant la pente, Mine lui demanda :

« Puis-je, moi, être mise dans la confidence ? Qu'avons-nous besoin d'aller dans cette chapelle ?

— Elle abrite le trésor des templiers, expliqua l'adolescent. Mon oncle m'en a confié la propriété afin de permettre à l'Ordre de survivre. »

Mine éprouva un frisson d'angoisse ; allaient-ils devoir transporter un trésor à travers le royaume, dans une charrette menée par un voleur, talonnés par une troupe de chiens enragés et sous la menace permanente de bandes de brigands qui écument la campagne ?

La fraîcheur de la chapelle les saisit dès l'entrée. La faible luminosité, d'ordinaire propice aux dialogues avec les puissances divines, créait en cet instant une atmosphère inquiétante. Au fond, sur l'autel de pierre, une main anonyme avait allumé un cierge à présent presque entièrement consumé. L'étroit chœur était encadré de deux colonnes.

Pierre sortit le bout de parchemin du père abbé.

« Vraiment, je ne sais ce que cela peut signifier », fit-il en considérant les quelques notes ajoutées aux quatre phrases de la prière.

Mine demanda qu'il les lui lise. Puis, sans mot dire, elle s'avança jusqu'à l'autel, mit un genou à terre pour se signer. Elle parcourut des yeux le sol dallé, les fresques peintes et les graffitis laissés sur les murs par des templiers de passage. Son regard s'arrêta sur le pilier de droite, orné de la croix de l'Ordre sculptée dans un cercle.

Elle se retourna et demanda :

« Pierre, as-tu vraiment l'intention d'emporter le trésor ce jour d'hui ?

— Bien sûr ; comment sinon pourrais-je honorer mon serment ?

— Ce n'est pas très sage, mon garçon, intervint Gordji, aucun trésor ne saurait circuler sans danger sur les chemins du royaume.

— C'est bien mon avis, dit la fillette. C'est pourquoi j'ai décidé de ne donner la solution de l'énigme à Pierre qu'à une condition : qu'il consente à ne prendre du trésor que ce qu'il lui faut pour assurer une année ou deux de besoins. »

Pierre s'étonna, tenta de convaincre ses deux compagnons. Mais, devant leur détermination, il bougonna quelques secondes pour finalement accepter le marché.

Dehors, Marco s'impatientait. Marchant de long en large près de la charrette, il tapait dans les caillasses en lançant des regards agacés vers la chapelle. Soudain, un craquement de branche le mit en alerte. Il fit volte-face. À une centaine de pas, où le chemin entrait en sous-bois, une ombre se glissa d'un tronc à un autre. Sans montrer d'empressement, le garçon grimpa sur le banc de la charrette, puis lança le signal d'alerte. Dans la chapelle, Gordji l'entendit. Il se tenait devant l'autel qui n'était plus adossé au mur, mais qui avait pivoté, révélant un étroit escalier de pierre. Le géant avertit aussitôt les enfants qui étaient descendus et avaient découvert une caverne d'Ali Baba étourdissante de richesses. Mine reparut la première.

« Que se passe-t-il ?

— Je ne sais, mais le signal de Marco était fort net. Hâtez-vous de sortir de là ! »

Pierre, un cierge allumé dans une main et une sacoche de cuir gonflée de pièces d'or dans l'autre, émergea à son tour du trou. Il rayonnait de joie.

« Gordji, tu ne peux imaginer ce qu'il y a là-dessous. C'est fabuleux ! les caves de l'Olympe ! »

Sans répondre, le colosse s'arc-bouta sur l'autel et le repoussa contre le mur. Un claquement signala que nul ne pourrait plus le bouger, sauf à connaître le secret de son mécanisme d'ouverture.

Les hurlements de Marco leur firent accélérer le pas. Les soldats royaux les avaient-ils rattrapés ? En vérité, une bande de cinq malandrins à cheval fonçait sur la charrette. Marco, debout sur le banc, s'apprêtait à accueillir le premier du tranchant de son épée. Ce fut Gordji qui, ayant dévalé la pente, le cueillit. Il le heurta tel un bélier et l'envoya rouler à terre avec sa monture. Il blessa au bras un deuxième assaillant – ce qui fit réfléchir les trois autres. Ils rompirent la charge et firent demi-tour. Mine et Pierre se hâtèrent de monter dans la charrette.

« Hardi, compagnons ! s'exclama Gordji en sautant sur son coursier. Ne prenons point racine.

— Ah ! ah ! Ils ont compris ce qu'il en coûte de se frotter à un Viking ! » exulta Pierre.

Gordji approuva en brandissant son épée et en poussant un terrifiant cri de guerre. Le sourire de Pierre mourut sur ses lèvres.

« Par saint Bernard ! Marco, fouette ! fouette ! » s'écria-t-il.

Les cinq brigands n'étaient que l'avant-garde de la horde. Une vingtaine de cavaliers surgit du bois. Leurs bouches tordues de rage lançaient cris et menaces de mort. Un grand gaillard, vêtu d'un long manteau en peau de bête et portant un heaume, était à leur tête.

« À Valdieu ! Retournons à Valdieu ! » hurla Gordji.

Marco lança l'équipage. Le géant chevauchait derrière le chariot, prêt à faire voler les têtes de ceux qui oseraient approcher. Cette stratégie eut son résultat, car les brigands se contentèrent de poursuivre à bonne distance, se disant sans doute qu'une fois la proie épuisée ils n'auraient qu'à sonner l'hallali.

16

La dernière bataille

Marco fit pénétrer la charrette dans le bourg en criant : « Gare devant ! Gare ! » Il stoppa net devant le porche de l'abbaye. Les malandrins choisirent ce moment pour assaillir les fuyards. Gordji commença à combattre à cheval. Plusieurs adversaires connurent dans les secondes suivantes le terme de leur vie. Mais, il en vint d'autres...

« Frappez ! Frappez à l'huis ! » hurla-t-il en faisant tournoyer son épée.

On eût dit Attila, le féroce roi des Huns.

Marco vit venir à lui un agresseur qui, debout sur sa selle, un poignard entre les dents, allait lui sauter dessus. Il l'embrocha comme un poulet. Mine cognait de toutes ses forces à la porte, criait au secours à s'en rompre la voix. Pierre restait près d'elle, en protection, son poignard maure prêt à frapper. Un brigand à pied, près de la fontaine, s'intéressa soudain à eux. Ses yeux étaient ceux d'une bête fauve. Il était armé d'une serpe et sourit avant de lancer son attaque.

Pierre sentit ses mains trembler de terreur. Un manque de confiance suivi d'une irrépressible panique le submergea. Il voulut bouger le bras, celui-ci était paralysé. Il leva les yeux, vit que le bandit était sur lui, qu'il allait l'agresser !

« Haaa ! »

L'homme s'écroula, terrassé d'un coup d'épée.

« Eh bien, petit maître, on rêve ? » s'écria Marco en lui donnant une tape amicale sur l'épaule.

Malgré leur vaillance, il était évident que les adolescents et leur protecteur ne survivraient plus très longtemps. La porte de l'abbaye s'entrouvrit enfin. En découvrant la scène, le frère portier prit une expression horrifiée. Il poussa un cri et claqua l'huis. Mine supplia, frappa à deux poings la paroi de bois. L'abbaye resta close.

Survint alors une chose incroyable, d'aucuns diraient « un miracle ». Une troupe armée pénétra dans le village – la troupe des soldats du roi qui poursuivait Pierre et sa compagnie. Aussitôt, ils prirent les malandrins à partie. L'incroyable ne fut pas tant l'irruption de ces hommes armés et le fait qu'ils se mêlassent au combat ; l'incroyable fut de voir batailler côte à côte Gordji et le capitaine, Marco et la police du roi. Le chef des brigands n'eut pas l'idée d'ordonner la retraite, car il pensait obtenir la victoire. Les royaux n'étaient que neuf, tandis que lui disposait encore d'une quinzaine d'individus valides.

Alors que le combat faisait rage et que la porte de l'abbaye ne s'ouvrait toujours pas, se produisit un événement aussi bref que décisif. Dans un duel, le capitaine des royaux fut blessé et se retrouva à terre. Son adversaire brandit sa lame pour l'achever, mais sous son nez surgit... Gordji ! L'autre n'eut qu'un instant de surprise avant de rendre l'âme.

« Tu me dois une vie, capitaine », dit le géant.

Il tira le blessé à l'écart et reprit :

« Observe-moi et compte le nombre de vies que je vais sauver dans ton escouade. »

À quelques pas de là, Pierre secoua la tête comme s'il sortait d'un mauvais rêve.

« Comment ai-je pu ? murmura-t-il, hébété. Quel lâche ! Honte sur moi ! »

Derrière lui, la porte de l'abbaye s'ouvrit enfin. Une trentaine de moines étaient rassemblés sous le porche. Chacun portait une arme, mais seulement de celles qui neutralisent : gourdins, bâtons, battoirs à linge...

« À LA GRÂCE DE DIEU ! YAAAAAA ! ! ! » s'écrièrent-ils sur un geste de l'abbé et tous se lancèrent à l'assaut des pillards encore debout.

Pierre savait qu'il ne pourrait supporter la honte de sa faiblesse, sauf à la racheter. Il repéra le chef des brigands qui, dressé sur les étriers de son coursier, donnait des ordres et des coups de droite et de gauche. Fou de rage, le garçon se rua vers lui. Mine le vit qui courait à sa mort, mais hélas ! trop tard. Pierre agrippa le cavalier par un bras et lui planta son poignard recourbé dans le flanc. Un hurlement de douleur résonna sous le heaume bosselé du brigand. Il chancela, braqua les fentes ténébreuses de son heaume sur Pierre. Celui-ci, de nouveau pétrifié, ne réagit pas quand le bandit lui assena de sa main gantée de fer un terrible coup au visage. Pierre de Valperthuis fut projeté au sol, inconscient, mort peut-être...

Épilogue

La bataille terminée, les blessés furent transportés dans le réfectoire de l'abbaye pour y être soignés. Pierre était de ceux-là, mais son cas n'était pas le plus préoccupant. Il n'en garderait qu'une petite balafre sous la pommette droite – son premier souvenir de guerrier. À ses côtés, Mine lui tenait la main et Marco, en pleine forme, lui souriait.

« Alors, messire capitaine, combien de vies me devez-vous ? demanda Gordji à l'officier étendu sur une table tout près de Pierre.

— Quel est votre compte ? » renvoya le capitaine.

Le géant hocha la tête. Il était homme d'honneur et ne savait pas mentir.

« Deux, plus la vôtre, messire, cela fait trois et le compte exact, répondit-il.

— Voici donc de quoi racheter trois âmes d'hérétiques... Eh bien, soit, j'accepte !

— Les enfants auront la vie sauve, soupira Gordji. Dieu en soit remercié.

— Pour ma part, je ne l'entends point ainsi, intervint brusquement Marco. Ce sera moi l'hérétique en trop... Capitaine, cette grande brute est un bon chrétien, même si dans sa maladresse il lui est arrivé d'occire quelques gens de votre troupe, mais...

— Il suffit, Marco ! se mit en colère le colosse. Ce n'est point là amusement d'enfants. Cet officier royal veut une tête, il aura la mienne.

— Certainement pas, seigneur Gordji !

— Je n'en discute point avec les ablettes.

— Très bien, alors réglons cela dans l'honneur, par un duel !

— Voyons, mes frères, intervint le père abbé, je vous en prie, de tels propos belliqueux n'ont point place en ces lieux. Il faut trouver une autre solution...

— Messire abbé, pourriez-vous m'apporter votre aide d'homme d'instruction ? demanda le capitaine.

— Certes, mon fils ; de quoi s'agit-il ?

— Eh bien, à ma grande honte, j'avoue ne point savoir compter au-delà de trois. Pouvez-vous me dire combien, présentement, vous comptez d'hérétiques à châtier ?

— Oh, mais certainement. Voyons... voici le premier, répondit l'abbé en désignant Gordji, le second est ici, le deuxième là... et voici le troisième ! »

L'officier sourit en fermant les yeux.

« C'est bien ce qu'il me semblait. Mon père, pourriez-vous faire mander un de vos moines, je vous prie, avec une écritoire ? Je dois dicter mon rapport au roi, l'informer que nous venons, ce jour, de nettoyer le royaume d'une brochette bien garnie de mauvais sujets et de grands pécheurs... »

Pour les adieux, le père abbé accompagna Pierre et ses compagnons sur la place du bourg de Valdieu.

« Que notre Seigneur veille sur vous, mes amis ; soyez bénis car vous comptez parmi Ses plus méritantes brebis. Vers quelles contrées songez-vous porter vos pas ?

— Le Portugal, annonça Gordji. Le roi Denis est ami des templiers. Il accueille et protège ceux des chevaliers qui ont échappé aux purges papales et royales.

— Ainsi ne serai-je point le dernier des templiers ! » se rassura Pierre.

Mine déclara :

« Pour ma part, je considère que tu es le premier... »

Tandis que Mine, sous la protection de Marco, regagnait Paris, Pierre de Valperthuis et Gordji allaient trouver refuge au Portugal. Mais ils n'y restèrent pas longtemps. Car, comme l'avait proféré Jacques de Molay lors de son supplice, Philippe le Bel mourut quelques mois plus tard. Ce fut la fin de la répression contre les templiers, mais pas celle de l'aventure pour les héros de ce récit. Car il y avait bien un trésor, le trésor des templiers. Traversa-t-il les siècles ? Une chose est sûre : il devint une légende...

Mystère templier

Auvergne, le 27 juillet 2001.

Les moniteurs d'une colonie de vacances, installée non loin du village de Valdieu, organisent une visite des curiosités de la région. Une bande de joyeux adolescents de douze et treize ans vient à découvrir la fameuse chapelle templière Saint-Bernard. Une jeune fille s'attarde devant le gisant qu'avaient fait édifier, en l'an 1365, les enfants de Pierre et Mine de Valperthuis. Une expression de sérénité profonde se lit sur les visages de marbre.

Elle s'accroupit pour observer sur le sarcophage des

inscriptions en latin. Curieuse, elle lit sur une affichette, au-dessus du gisant, le commentaire suivant :

« La légende raconte qu'en ces lieux est caché le fameux trésor des templiers. On dit aussi que seul un enfant à l'âme sensible découvrira un jour le secret qui mène à lui. Sur les côtés du sarcophage, vous pouvez lire cette prière au Christ :

"Christ, notre Sauveur, nous porterons ta croix.
De ton Église nous resterons un des piliers.
En quelque direction que notre visage se tourne,
Notre foi, toujours, regardera vers l'Orient."

Certains historiens affirment qu'il s'agit de l'énigme qui permet d'accéder au trésor des templiers. »

La fillette considère longuement la prière. Perplexe, elle déambule dans la chapelle, regarde l'autel, les colonnes décrépies qui encadrent le chœur. Brusquement, elle s'approche du pilier de droite pour examiner de plus près la croix templière, sculptée dans un cercle. Elle se dresse sur la pointe des pieds pour la toucher.

Un moniteur se présente à l'entrée de la chapelle.

« Alors, Clémence, tu viens ? Tout le monde t'attend !

— Heu... oui, une minute.

— Non, tout de suite et au galop s'il te plaît !

— Oui, bon, ça va, j'arrive. »

Elle quitte la chapelle à regret.

Qui résoudra l'énigme du dernier des templiers ? Vous, peut-être... ?

TABLE

Composition JOUVE – 62300 Lens
N° 957060c
Imprimé en France par HÉRISSEY - 27000 Évreux
Dépôt imprimeur : 99448 - éditeur n° 18692
32.10.1985.7.4/01 - ISBN : 2.01.321985.7
Loi n° 49-956 du 16 juillet 1949 sur les publications destinées à la jeunesse
Dépôt légal : novembre 2005